Klaus Ahlheim

Rechtsextremismus – Ethnozentrismus – Politische Bildung

Kritische Beiträge zur Bildungswissenschaft Bd. 8

Herausgegeben von Klaus Ahlheim

Klaus Ahlheim

Rechtsextremismus
Ethnozentrismus
Politische Bildung

http://www.offizin-verlag.de

ISBN 978-3-930345-98-4

© Offizin-Verlag, Boedekerstr. 75, D - 30161 Hannover
fon: 0511 - 807 61 94
fax: 0511 - 62 47 30
Umschlag: freeStyle grafik, Hannover,
unter Verwendung eines Fotos von Marek Peters
Satz: Bardo Heger
Druck: Uni-Druck, Hannover
Alle Rechte vorbehalten, insbesondere das des öffentlichen
Vortrags, der Rundfunkübertragung und der Fernsehausstrahlung,
der fotomechanischen Wiedergabe, auch einzelner Teile.
Erstausgabe, 2013
Printed in Germany

Bibliografische Information der Deutschen Bibliothek

Die Deutsche Bibliothek verzeichnet diese Publikation in der Deutschen
Nationalbibliografie; detaillierte bibliografische Daten sind im Internet über
http://dnb.ddb.de abrufbar.

ISBN 978-3-930345-98-4

Inhalt

Vorwort

Im November 2011 wurden die Mordtaten des »Nationalsozialistischen Untergrunds« – eher zufällig – aufgedeckt. Der Ruck, der spätestens da durch das Land hätte gehen sollen, blieb aus. Die Aufklärung der Vorgänge verschleppt sich und der Verfassungsschutz ist in die Kritik geraten. Hinter den Namen jedes Ermordeten hatte die rechtsextreme Terrorbande zynisch-triumphierend geschrieben: Es ist »nun klar, wie ernst uns der Erhalt der deutschen Nation ist«. Das verweist auf das ideologische Umfeld des Rechtsterrorismus, den Ethnozentrismus in der Mitte der Gesellschaft. Politische Bildung ist dadurch herausgefordert. Die Mordtaten des NSU haben eine Zäsur gesetzt, auch für die politische Bildung.

Aber politische Bildung »gegen rechts« hat es nicht leicht. In der wissenschaftlich-pädagogischen Debatte spielte die Prävention von Fremdenfeindlichkeit und Rechtsextremismus, wie das erste Kapitel dieses Buches beschreibt, trotz vieler engagierter Ansätze und Arbeiten über Jahrzehnte eine eher untergeordnete Rolle. Das immerhin hat sich in den letzten Jahren geändert. Gleichwohl sind die (bildungs-)politischen Rahmenbedingungen für eine politisch aufklärende Bildung eher schwieriger geworden. Politische Bildung insgesamt und politische Bildung »gegen rechts« leiden an der absoluten Dominanz beruflich verwertbarer Qualifikationsangebote im außerschulischen Bereich und entsprechender »Unterfinanzierung« ihrer eigenen Arbeit. Das belegen auch die Ergebnisse einer aktuellen empirischen Befragung in Nordrhein-Westfalen, die im zweiten Kapitel referiert werden. Und schließlich bleibt die Art und Weise, wie die politische Öffentlichkeit mit den Mordtaten Breiviks und des NSU bislang umging, nicht folgenlos für die politische Bildung »gegen rechts«, wie das dritte Kapitel zeigt.

Die nächsten Abschnitte »erzählen« dann die Empirie des fremdenfeindlichen Vorurteils, das sich mit dem neuen Stolz der Deutschen, deutsch zu sein, gut versteht. Sie beschreiben den Ethnozentrismus als Lernbarriere, sie analysieren, wie ein weit verbreitetes vorurteilsvolles Denken sich zunächst als aufklärungsresistent erweist – und halten gleichwohl an dem Projekt politisch aufklärender Bildung fest. Politische Bildner brauchen einen langen Atem: Sie handeln voller Optimismus – am Rande stets der Resignation.

Berlin, im November 2012   *Klaus Ahlheim*

Rechtsextremismus und politische Bildung

Natürlich ist Rechtsextremismus in erster Linie kein pädagogisches, sondern ein gesellschaftliches und politisches Problem. Gleichwohl ist die politische Bildung durch den weltanschaulichen »Kern« des Rechtsextremismus – Ideologie der Ungleichheit, Ethnozentrismus, Geschichtsrevisionismus und Gewaltakzeptanz – herausgefordert. Und auch die Politik ruft, oft ganz vordergründig und eigennützig, weil ihr Wahlerfolge der Rechtsaußenparteien nicht ins Kalkül passen, bisweilen sicher auch, weil die »Pädagogisierung« politisch-gesellschaftlicher Konflikte die politischen Akteure zumindest aktuell entlasten kann, in regelmäßigen Abständen nach der politischen Bildung. Doch die politischen Bildner sollten da, auch wenn vorübergehend Gelder und sogar öffentliches Ansehen winken, eher grundskeptisch sein, erst recht, wenn die Gewährung finanzieller Mittel mit antidemokratischen Zumutungen wie der im Jahr 2012 noch immer geltenden »Extremismusklausel«[1] verbunden ist.

Denn politische Bildung ist keine gesellschaftspolitische Feuerwehr, die dort löscht, wo manch populistischer Politiker selbst gerade gezündelt hat, sie ist keine Umerziehungsmaßnahme mit Sofortgarantie und stets messbarem Kompetenzzuwachs, kein Wunder- und eben schon gar kein Beruhigungsmittel für Politik und Politiker. Politische Bildung ist keine Blitzbude zur Vermitt-

---

1 Dazu Benno Hafeneger: Neue förderungspolitische Direktiven: Extremismusklausel und Extremismusbekämpfungsprogramme, in: Klaus Ahlheim/ Johannes Schillo (Hrsg.): Politische Bildung zwischen Formierung und Aufklärung, Hannover 2012, S. 144-155.

lung von Werten (an die Jüngeren vor allem, wie das öffentliche Urteil meist meint), kein Umformungsprogramm für jugendliche Abweichler und auch keine Gewaltverhinderungsanstalt. Politische Bildung – schulische wie außerschulische – setzt eher auf mittel- und langfristige Veränderungsprozesse, lässt den Lernenden Raum und Zeit, neue An- und Einsichten auszuprobieren, Um- und Abwege zu gehen, will Einstellungen, Orientierungen, Überzeugungen problematisieren, korrigieren, initiieren, aber durchaus auch beeinflussen und Positionen vermitteln. Das alles ist aber – auch mit dem größten didaktischen Geschick – nicht einfach zu programmieren und entzieht sich auch allen Versuchen der unmittelbaren und »zeitnahen« Erfolgskontrolle.

Vor allem den »Kern« rechtsextremer Gewalt- und Überzeugungstäter, rechtsextreme Propagandisten, Parteifunktionäre und -anhänger, wird politische Bildung kaum erreichen. Außer zu ihren eigenen Schulungen werden Rechtsextreme zu Veranstaltungen der politischen Jugend- und Erwachsenenbildung kaum kommen, und wenn sie hingehen müssen, in der Schule etwa, bei der Polizei oder der Bundeswehr, werden sie beharrlich weghören. Man mag rechtsextremistischen Jugendlichen mit bestimmten Konzepten »akzeptierender« Jugendarbeit[1] nahe- und mit klarer negativer Sanktionierung auch beikommen, politische Bildung hilft da eher wenig.

Angebote der politischen Bildung zum Thema Rechtsextremismus in der Erwachsenenbildung werden ja in der Regel von Per-

---

1 Franz Josef Krafeld: Zur Praxis der pädagogischen Arbeit mit rechtsorientierten Jugendlichen, in: Wilfried Schubarth/Richard Stöss (Hrsg.): Rechtsextremismus in der Bundesrepublik Deutschland. Eine Bilanz, Opladen 2001, S. 271-291; zur Kritik des Konzepts vgl. Klaus Ahlheim: Sarrazin und der Extremismus der Mitte. Empirische Analysen und pädagogische Reflexionen, Hannover 2011, S. 128 ff.

sonen wahrgenommen, die ganz bewusst für ihre Argumentation gegen den Rechtsextremismus hilfreiche Informationen erwarten oder doch zumindest in ihrem Urteil schwankend, offen und damit auch lernbereit sind. Da trifft man in der Regel auf Seminarteilnehmer und Vortragsbesucher, bei denen sich durchaus vorhandene Vorurteile etwa gegen die Fremden und Anderen, autoritäre und nationalbetonte Politikmuster eben nicht, vielleicht auch noch nicht, zu einer rechtsextremen »Weltanschauung« verfestigt haben. Da trifft man natürlich auch auf einzelne Rechtsextreme, und didaktisch ist das dann allemal eine Herausforderung, aber eine wünschenswerte Zielgruppe einer aufklärenden Bildungsarbeit »gegen rechts« sind die gerade nicht. Und in der Schule und Jugendarbeit hat man es vor allem mit jener großen Gruppe Jugendlicher zu tun, die noch keinem ganz und gar gefestigten Weltbild, auch keinem geschlossenen rechtsextremen, anhängen, die vielmehr – ihrer Lebensphase gemäß – Einstellungen und Haltungen erst noch erproben und deshalb stärker als Erwachsene zwischen rigiden Denkstereotypen und flexibleren, vorurteilsfreien, liberalen Einstellungen schwanken, deren Selbstideal also demokratische Züge mit umfasst, aber Vorurteilsfreiheit nicht garantiert. Und gerade die Jugendphase, das wissen wir seit der auch für Pädagogen wichtigen psychoanalytischen Arbeit von Mario Erdheim über »Die gesellschaftliche Produktion von Unbewußtheit«[1], ist eine Zeit, in der bisherige Einstellungs- und Rollenmuster aufgebrochen, neu erprobt, gewonnen und »justiert« werden, also eine Zeit auch der Lernchancen und des möglichen Abschieds von bislang dominanten negativen Prägungen und Einflüssen der frühen Kindheit und Sozialisation – und eine

---

1 Mario Erdheim: Die gesellschaftliche Produktion von Unbewußtheit. Eine Einführung in den ethnopsychoanalytischen Prozeß, Frankfurt/M. 1982, S. 271 ff.

Chance für das Lehren und Informieren, für eine aufklärende politische Bildung eben auch.

Wirft man einen Blick auf die (Erziehungs-)Geschichte der Bundesrepublik, dann wird sofort klar, dass das Problem des Rechtsextremismus kein neues pädagogisches Thema ist, auch wenn manche neueren Arbeiten der Pädagogik »gegen rechts« den Eindruck erwecken, als hätten sie das Problem Rechtsextremismus gerade erst entdeckt.

Begonnen hatte die »Bildung gegen rechts« mit einem damals noch einsamen Mahner, der vehement an das verhängnisvolle »Nachleben« des Nationalsozialismus in den frühen Jahren der Bundesrepublik erinnerte[1]: Im November 1959 hielt Theodor W. Adorno auf einer »Erzieherkonferenz«, veranstaltet vom Koordinierungsrat der »Gesellschaften für Christlich-Jüdische Zusammenarbeit«, einen seiner wirkungsmächtigsten Vorträge: »Was bedeutet: Aufarbeitung der Vergangenheit«. »Aufarbeitung der Vergangenheit«, so Adorno zu Beginn seines Vortrags, sei eine Formulierung, »die sich während der letzten Jahre als Schlagwort höchst verdächtig gemacht« habe. Es sei gerade nicht gemeint, »daß man das Vergangene im Ernst verarbeite ... Sondern man will einen Schlußstrich darunter ziehen und womöglich es selbst aus der Erinnerung wegwischen«.[2] Man wolle von der Vergangenheit loskommen, weil die Vergangenheit, der man zu entrinnen suche, nicht nur in Kreisen der sogenannten Unverbesserlichen, in neo-

---

1 Ich habe das schon dargelegt in: Klaus Ahlheim: Aktualität eines Klassikers. Adornos »Erziehung nach Auschwitz« und das Nachleben des Nationalsozialismus, in: Tribüne. Zeitschrift zum Verständnis des Judentums, Nr. 197, Heft 1/2011, S. 162-167.

2 Theodor W. Adorno: Was bedeutet: Aufarbeitung der Vergangenheit, in: Theodor W. Adorno: Erziehung zur Mündigkeit, Frankfurt/M. 1971, S. 10-28, hier S. 10.

nazistischen Organisationen, »höchst lebendig« sei: »Der Nationalsozialismus lebt nach, und bis heute wissen wir nicht, ob bloß als Gespenst dessen, was so monströs war, daß es am eigenen Tode noch nicht starb, oder ob es gar nicht erst zum Tode kam; ob die Bereitschaft zum Unsäglichen fortwest in den Menschen wie in den Verhältnissen, die sie umklammern.«[1] Damals freilich wollte Adorno ganz ausdrücklich auf »die Frage neonazistischer Organisationen«[2] nicht eingehen, ein Tatbestand, den Wolfgang Kraushaar erst jüngst wieder kritisch kommentiert hat.[3] »Ich betrachte das Nachleben des Nationalsozialismus *in* der Demokratie«, so das im Blick auf die Adenauer-Ära durchaus verständliche Argument Adornos, »als potentiell bedrohlicher denn das Nachleben faschistischer Tendenzen *gegen* die Demokratie.«[4]

Das war ein verstörender Befund aus verstörendem Grund und Anlass. Adorno wusste aus einer Untersuchung des Instituts für Sozialforschung, dem »Gruppenexperiment«[5] aus den frühen 1950er Jahren, dass Verdrängung, Verharmlosung und Beschönigung, dass vor allem das Nichts-gewusst-haben-Wollen die Erinnerung an Deportation und Massenmord erheblich trübten. Und dass mit dem Ende des Faschismus der Antisemitismus in der Bevölkerung nicht einfach verschwunden war, hatten schon frühere Umfragen gezeigt. Bereits im Dezember 1946 hatte eine Befragung in der amerikanischen Besatzungszone ergeben, dass

---

1 Ebd.

2 Ebd. Adorno sprach von Neonazismus, nicht von Rechtsextremismus.

3 Wolfgang Kraushaar: Adorno, die antisemitische Welle (1959/60) und ihre Folgen, in: Klaus Ahlheim/Matthias Heyl (Hrsg.): Adorno revisited. Erziehung nach Auschwitz und Erziehung zur Mündigkeit heute, Hannover 2010, S. 9-37.

4 Theodor W. Adorno: Was bedeutet: Aufarbeitung der Vergangenheit, S. 10.

5 Vgl. dazu: Friedrich Pollock: Gruppenexperiment. Ein Studienbericht, Frankfurt/M. 1955.

18 Prozent der Bevölkerung als »harte« Antisemiten und weitere 21 Prozent als Antisemiten einzustufen waren.[1] Und im August 1949 erhielt das Allensbacher Institut für Demoskopie bei einer Umfrage in der noch jungen Bundesrepublik auf die Frage »Wie ist überhaupt Ihre Einstellung gegenüber den Juden?« von 23 Prozent der Befragten antisemitische Antworten.[2] Das sollte sich auch in den nächsten Jahren nicht wesentlich ändern, wie die viel zitierte »Silbermann-Studie« noch im Jahr 1974 zeigte: Neben einer »toleranten Gruppe« von etwa 30 Prozent, so die Bilanz der Studie, und einer »stark antisemitischen Gruppe« von etwa 20 Prozent ließen sich »bei der Hälfte der bundesrepublikanischen Bevölkerung in Latenz zumindest Reste antisemitischer Einstellungen« aufweisen.[3]

Im »politischen Schlüsseljahr« 1959, wie es Wolfgang Kraushaar faktenreich beschrieben hat[4], kam ein aktueller und beunruhigender Anlass hinzu, eine antisemitische Welle von einem Ausmaß, das die Republik bis dahin nicht kannte. Das Jahr begann mit der Schändung von Grab- und Gedenksteinen auf dem jüdischen Friedhof in Freiburg und endete mit einem »antisemitischen Fanal«[5] am Heiligabend in Köln, wo Unbekannte ein Denkmal für

---

1 Vgl. Werner Bergmann/Rainer Erb: Antisemitismus in Deutschland 1945-1996, in: Wolfgang Benz/Werner Bergmann (Hrsg.): Vorurteil und Völkermord, Bonn 1997, S. 397-434, hier S. 398.

2 Elisabeth Noelle/Erich Peter Neumann (Hrsg.): Jahrbuch der öffentlichen Meinung 1947-1955, Allensbach 1975, S. 128.

3 Alphons Silbermann: Sind wir Antisemiten? Ausmaß und Wirkung eines sozialen Vorurteils in der Bundesrepublik Deutschland, Köln 1982, S. 63.

4 Wolfgang Kraushaar: Adorno, die antisemitische Welle (1959/60) und ihre Folgen, S. 12 ff.; vgl. auch Wolfgang Kraushaar: Die Protest-Chronik 1949-1959. Eine illustrierte Geschichte von Bewegung, Widerstand und Utopie, Bd. III: 1957-1959, Hamburg 1996, S. 2068 u. ö.

5 Wolfgang Kraushaar: Adorno, die antisemitische Welle (1959/60) und ihre Folgen, S. 16 ff.

die Opfer des Nationalsozialismus und die Synagoge mit antisemitischen Parolen beschmierten. »Was danach folgte«, resümiert Wolfgang Kraushaar, »war beispiellos. Als hätte jemand ein unsichtbares Ventil geöffnet, strömten die so oft an die Wand gemalten ›Ungeister der Vergangenheit‹ ans Tageslicht. Danach verging über Wochen hinweg kein Tag, an dem nicht zwischen Flensburg und Oberstdorf Hakenkreuzschmierereien entdeckt und Parolen wie ›Deutschland erwache!‹, ›Es lebe Hitler-Deutschland‹ und ›Das Hitler-Reich kommt bald wieder‹, ›Nieder mit den Juden!‹, ›Juden raus!‹ und ›Ab in die Gaskammern!‹ zu lesen gewesen wären.«[1] Die politischen Reaktionen mögen dem heutigen Betrachter nachgerade bizarr erscheinen. Die Bundesregierung verurteilte zwar die Anschläge, machte dafür aber allen Ernstes kommunistische Agitatoren und Hintermänner verantwortlich, die das Bild Deutschlands in der Welt zu verdunkeln suchten. Antisemitische Einstellungen in der Bevölkerung, so die Botschaft, gab es eigentlich gar nicht.

Da war Adorno in seinem November-Vortrag schon hellsichtiger gewesen, hellsichtiger auch als die überwiegende Mehrheit seiner Universitätskollegen, die sich lange noch im Verdrängen der Nazi-Barbarei übten, oft verbunden mit der Schönung der eigenen Vita[2]. Adorno intervenierte. Und der sich so in öffentlichen Vorträgen politisch einmischende Adorno war, anders als es ein verbreitetes Adorno-Bild noch heute suggeriert, nicht die Ausnahme, sondern die Regel, wie wir inzwischen aus den Beständen des Adorno-Archivs recht genau wissen. Rund 600 öffentliche Vorträge, Reden, Gespräche und Interviews sind dokumentiert. »Man kann sagen«, fasst Michael Schwarz vom Adorno-

---

1 Ebd. S. 17.

2 Dazu exemplarisch der Fall von Oppen: Klaus Ahlheim: Geschöntes Leben. Eine deutsche Wissenschaftskarriere, Hannover 2000.

Archiv in Berlin zusammen, »dass Adorno in den fünfziger und sechziger Jahren viel mehr Hörer als Leser hatte. Er wollte wirken. Nicht nur die Möglichkeiten des Mediums Radio hat er immer wieder gesucht, sondern auch die, vor Präsenzpublikum zu sprechen. Zum Beispiel in Volkshochschulen oder Amerika-Häusern.« Und die größte Wirkung hätten sicherlich, so Schwarz weiter, jene Adorno-Vorträge gehabt, »die man unter dem Stichwort politische Pädagogik fassen kann«[1].

Als Theodor W. Adorno am 18. April 1966 seinen Rundfunkvortrag »Erziehung nach Auschwitz« hielt, gab es, wie schon bei seinem Vortrag »Was bedeutet: Aufarbeitung der Vergangenheit« vom Herbst 1959, einen aktuellen Anlass. Am 20.8.1965 war vor dem Schwurgericht in Frankfurt am Main der Auschwitz-Prozess gegen 20 SS-Verbrecher zu Ende gegangen, eine Zäsur in der Geschichte der Bundesrepublik, weil er, nach Jahren des passiven Verdrängens und aktiven Leugnens, der bundesrepublikanischen Öffentlichkeit und der Welt ein »authentisches Bild der nationalsozialistischen Judenverfolgung«[2] vermittelte. Noch während des Prozesses, im Sommersemester 1965, hatte Adorno in seiner Vorlesung über Metaphysik den Studierenden erklärt, es könne »angesichts dessen, was wir erfahren haben, – und lassen Sie mich sagen: erfahren haben es auch die, an denen es nicht selber unmittelbar verübt worden ist ... für keinen Menschen, dem nicht

---

1   Michael Angele: Die Frankfurter Schule on Air, Interview mit Michael Schwarz, »der Freitag«, Online-Ausgabe, 06.08.2009.

2   Auschwitz-Prozeß 4 Ks 2/63 Frankfurt am Main, hrsg. von Irmtrud Wojak im Auftrag des Fritz Bauer Instituts, Köln 2004, Umschlagtext; zum Frankfurter Auschwitz-Prozess vgl. auch Irmtrud Wojak: Fritz Bauer, der Auschwitz-Prozeß und die deutsche Gesellschaft, und Ingo Müller: Der Frankfurter Auschwitz-Prozess, in: Auschwitz in der deutschen Geschichte, hrsg. von Joachim Perels, Hannover 2010, S. 141-167 und S. 168-176.

das Organ der Erfahrung überhaupt abgestorben ist, die Welt *nach* Auschwitz, das heißt: die Welt, in der Auschwitz möglich war, mehr dieselbe Welt sein, als sie es vorher gewesen ist«[1]. Jetzt, in seinem Rundfunkvortrag, formuliert Adorno seinen pädagogischen Imperativ: »Die Forderung, daß Auschwitz nicht noch einmal sei, ist die allererste an Erziehung.«[2] Und er fährt fort: »Sie geht so sehr jeglicher anderen voran, daß ich weder glaube, sie begründen zu müssen noch zu sollen ... Sie zu begründen hätte etwas Ungeheuerliches angesichts des Ungeheuerlichen, das sich zutrug ... Jede Debatte über Erziehungsideale ist nichtig und gleichgültig diesem einen gegenüber, daß Auschwitz nicht sich wiederhole.«[3]

Das in den folgenden Jahrzehnten zu beobachtende Aufkommen neuer rechtsextremer Gruppen (Generationswechsel) und nicht zuletzt die Wahlerfolge neuer rechtsextremer Parteien, zunächst der NPD, dann der sogenannten »Republikaner«[4], sorgte schon für kritische Begleitung in pädagogischer Theorie[5] und Praxis; vor allem Orte und Konzepte der historisch-politischen Bildung ent-

---

1 Theodor W. Adorno: Metaphysik. Begriff und Probleme, Nachgelassene Schriften, Abt. IV: Vorlesungen, Bd. 14, Frankfurt/M. 1998, S. 162.

2 Theodor W. Adorno: Erziehung nach Auschwitz, in: Theodor W. Adorno: Erziehung zur Mündigkeit, Frankfurt/M. 1971, S. 88-104, hier S. 88.

3 Ebd.

4 Dazu im Überblick: Gideon Botsch: Die extreme Rechte in der Bundesrepublik Deutschland 1949 bis heute, Darmstadt 2012.

5 Etwa: Gerhard Paul/Bernhard Schoßig (Hrsg.): Jugend und Neofaschismus. Provokation oder Identifikation?, Frankfurt/M. 1979; Benno Hafeneger/ Gerhard Paul/Bernhard Schoßig (Hrsg.): Dem Faschismus das Wasser abgraben. Zur Auseinandersetzung mit dem Rechtsradikalismus, München 1981; Peter Dudek/Hans-Gerd Jaschke: Jugend rechtsaußen. Analyse, Essays, Kritik, Bensheim 1982; Gerhard Paul (Hrsg.): Hitlers Schatten verblaßt. Die Normalisierung des Rechtsextremismus, Bonn 1989.

standen jetzt, aber, um es zurückhaltend zu formulieren, ein wirklich beachtetes, gar wichtiges Thema war der Rechtsextremismus für die pädagogische Wissenschaft und die öffentliche Wahrnehmung der Pädagogik eher nicht. Immerhin berichtete die lokale »Oberhessische Presse«[1] Anfang der 1980er Jahre von einer besonderen Veranstaltungsform, einem sogenannten »Kooperationsseminar« des DGB und des Fachbereichs Erziehungswissenschaften der Philipps-Universität Marburg. Das Seminar, sagte die damalige Vorsitzende des DGB Marburg-Biedenkopf, Käthe Dinnebier, behandle »ein zentrales politisches Problem«, auf das »die Gewerkschaften seit Jahren aufmerksam gemacht haben«, und erklärte dann weiter, rechtsextreme Weltanschauungen, Haltungen und Einstellungen reichten »über den gegenwärtig noch relativ kleinen Kreis bereits organisierter faschistischer Jugendgruppen weit hinaus ... Pädagogische Mittel und gewerkschaftliche Maßnahmen zur Verhinderung« müssten deshalb bereits im Umfeld des Rechtsextremismus ansetzen.

Die politische Situation und damit auch die Herausforderung für Pädagogik und politische Bildung änderte sich spätestens mit der, wie der juristische Begriff lautet, »Herstellung der Einheit Deutschlands« im Jahr 1990. Zwar meint Hans Tietgens in den Vorbemerkungen zu meinem Buch »Mut zur Erkenntnis«, das 1990 erschienen ist, noch einer zu erwartenden Kritik, das mit den Rechten sei doch reichlich aufgebauscht, vorbeugen zu müssen[2], aber spätestens mit dem Anschwellen fremdenfeindlicher

---

1 »Rechtsextremismus schon bei der Jugend verhindern«, in: »Oberhessische Presse« vom 15.04.1983.

2 »Gewarnt werden sollte aber vor der vordergründigen Einschätzung, der Stellenwert der sogenannten Republikaner sei in Ahlheims Darstellung überbetont. Was wir in den letzten Monaten erfahren mußten, beweist eher das Gegenteil. Immerhin ist die Wiedergeburt nationalistischer Reden anstands-

rechtsextremer Gewalt, mit den Brand- und Mordanschlägen in Hoyerswerda, Hünxe, Rostock-Lichtenhagen, Solingen und Mölln zu Beginn der 1990er Jahre waren auch die Pädagogik und vorab die politische Bildung im vereinten Deutschland zu Reaktionen gezwungen, und sie kamen dem mit einiger Verzögerung nach.

Heute gibt es in der politischen Bildung[1], aber auch in benachbarten Disziplinen wie etwa der interkulturellen Pädagogik, der Sozial- und Jugendarbeit und in der Gedenkstättenpädagogik eine Fülle von Veröffentlichungen, von theoretischen Erörterungen und vor allem Unterrichts- und Seminarmaterialien zu den Themen Rechtsextremismus, Fremdenfeindlichkeit und Migration. Vor allem gibt es allenthalben, auch wenn das Datenmaterial für einen soliden Gesamtüberblick fehlt, unzählige, vielfältige Initiativen, Vereine, Bündnisse, Initiativen »gegen rechts«, manchmal von der Politik unterstützt, die sich gegen Nazi-Aufmärsche und andere rechtsextreme Aktivitäten mit Zivilcourage und Bürgersinn erfolgreich wehren, die meist aber auch die Bildungsarbeit

---

los in das Mehrheitsgerede der Politiker übergegangen, das seinen realistischen Kern in der Vormacht und der Manipulation des Geldes erhält. Die mit Einheitsgetöse verbrämte kapitalistische Landnahme hat, wie kein anderes Ereignis der letzten Jahre, gezeigt, auf welchem schmalen Fundament substantielle Rationalität gegenüber einer zweckrationalen Berechnung steht.« (Hans Tietgens: Vorbemerkungen zu Klaus Ahlheim: Mut zur Erkenntnis. Über das Subjekt politischer Bildung, Bad Heilbrunn/Obb., 1990, S. 7-9, hier S. 7 f.)

1 Beispielhaft für viele sei eine aktuelle Veröffentlichung aus dem Wochenschau Verlag genannt, die auch bei der Bundeszentrale für politische Bildung erhältlich ist: Stephan Bundschuh/Ansgar Drücker/Thilo Scholle (Hrsg.): Wegweiser Jugendarbeit gegen Rechtsextremismus. Motive, Praxisbeispiele und Handlungsperspektiven, Schwalbach/Ts. 2012; vgl. auch: Rechtsextremismus. War da was? Informationen zur extremen Rechten in NRW. Anregungen für die pädagogische Praxis, hrsg. vom Informations- und Dokumentationszentrum für Antirassismusarbeit in Nordrhein-Westfalen (IDA-NRW), Düsseldorf 2012.

»gegen rechts« nachhaltig und mit Nachdruck betreiben.[1] Und dann gibt es da noch das »Brandenburger Modell«.[2]

Mit seinem Modell der Abwehr des Rechtsextremismus, so bilanzieren Gideon Botsch und Christoph Kopke, falle Brandenburg unter den ostdeutschen Bundesländern, in denen sich der Rechtsextremismus zu einem besonderen Problem entwickelt habe, durchaus aus dem Rahmen. In Brandenburg konnten, so die Autoren, »relativ erfolgreich Strukturen und Maßnahmen gefördert und entwickelt werden, um Rechtsextremismus abzuwehren und die demokratische Zivilgesellschaft zu fördern«. Man könne deshalb mit Recht von einem »Brandenburger Modell« zur Bekämpfung des Rechtsextremismus sprechen.[3] Natürlich habe, das wissen Botsch und Kopke sehr genau, auch Brandenburg noch ein Rechtsextremismusproblem »auf hohem Niveau«[4], es sei aber durch die Politik und staatliche Institutionen, die Mobilisierung zivilgesellschaftlicher Institutionen und nicht zuletzt durch konsequentes polizeiliches Handeln und »harte, aber rechtsstaatliche Sanktionierung kriminellen Verhaltens mit rechtsextremem Hintergrund«[5] gelungen, den Spielraum für rechtsextreme Aktivitäten

---

1 Etwa die Aktivitäten und Bildungsangebote von: Mobile Beratung gegen Rechtsextremismus (www.mbr-berlin.de); antifaschistisches pressearchiv und bildungszentrum berlin e.v. (www.apabiz.de); Agentur für soziale Perspektiven e.V. (www.aspberlin.de); Antonio-Amadeu-Stiftung (www.amadeu-antonio-stiftung.de).

2 Über das Handlungskonzept »Tolerantes Brandenburg« informiert der von Christoph Kopke herausgegebene Band: Die Grenzen der Toleranz. Rechtsextremes Milieu und demokratische Gesellschaft in Brandenburg. Bilanz und Perspektiven, Potsdam 2011; hier besonders Gideon Botsch/Christoph Kopke: Das »Brandenburger Modell« der Abwehr des Rechtsextremismus, S. 183-206.

3 Ebd. S. 183.

4 Ebd.

5 Ebd. S. 200.

zu begrenzen. Der Gedanke, Staat, Gesellschaft und Erziehungseinrichtungen sollten – auch im Interesse der Opfer – vor allem die Grenzen der Toleranz für Rechtsextreme markieren, statt wie lange üblich die unbedingte Wiedereingliederung der rechten Jugendlichen zum pädagogischen Leitziel zu machen, setze sich in Brandenburg immer mehr durch. »Es mag paradox klingen«, so Botsch und Kopke, »aber der Erfolg des ›Brandenburger Modells‹ verdankt sich nicht zuletzt der Tatsache, dass demokratischer Staat und zivile Gesellschaft im ›Toleranten Brandenburg‹ immer wieder die Grenzen ihrer Toleranz markieren.«[1] Ein auch pädagogisches Erfolgsmodell also? Ein Fortschritt bei den Interventionen »gegen rechts«, auch den pädagogischen, ist das allemal, aber zu wirklichem Optimismus besteht kein Anlass. Zu deutlich sind die Grenzen, die einer erfolgreichen politischen Bildung »gegen rechts« auch von der Politik gesetzt werden.

---

1 Ebd.

Empirisches Zwischenstück:
Schlechte Rahmenbedingungen

Zu den im Alltag folgenreichen Begrenzungen und Hindernissen rechne ich zuerst die bildungspolitischen Rahmenbedingungen und Vorgaben. Ich habe es an mehreren Stellen und immer wieder[1] beschrieben: Die Rahmenbedingungen für die politische Erwachsenenbildung haben sich seit der Etablierung, ja dem Siegeszug des quartären Sektors Weiterbildung, der spätestens mit dem Strukturplan des Deutschen Bildungsrats von 1970[2] begann, kontinuierlich verschlechtert. Erwachsenenbildung, die sich bis zum Ende der 1960er Jahre ganz überwiegend als politische Bildung verstand, wurde immer mehr, bisweilen fast ausschließlich, zur berufsqualifizierenden Bildung. Das hat sich natürlich auf die Finanzierung und das öffentliche und politische Ansehen außerschulischer politischer Bildung negativ ausgewirkt.

In unserer Studie zur »Wirklichkeit und Wirkung politischer Erwachsenenbildung«[3], einer Regionalstudie zwar für Nordrhein-Westfalen, aber einer der wenigen neueren empirischen Studien zur politischen Erwachsenenbildung, konnten wir das an mehreren Stellen belegen. Es sei viel und immer wieder von einer Krise der politischen Bildung die Rede, ob das denn zutreffend sei,

---

1 Zuletzt in: Klaus Ahlheim: Politische Erwachsenenbildung in Zeiten des Marktradikalismus, in: Klaus Ahlheim/Horst Mathes (Hrsg.): Utopie denken – Realität verändern, Hannover 2011, S. 10-40.

2 Deutscher Bildungsrat: Empfehlungen der Bildungskommission. Strukturplan für das Bildungswesen, Stuttgart 1970.

3 Klaus Ahlheim/Bardo Heger: Wirklichkeit und Wirkung politischer Erwachsenenbildung. Eine empirische Untersuchung in Nordrhein-Westfalen, Schwalbach/Ts. 2006.

hatten wir in einem qualitativ-empirischen Teil unserer Studie die pädagogischen Mitarbeiterinnen und Mitarbeiter in 15 Einrichtungen der politischen Erwachsenenbildung gefragt. *»Was es wohl gibt, ist ein Klimawandel«*, antwortete einer auf unsere Frage nach der Krise, *»bei den Lobbyarbeitern der politischen Bildung. Vor zehn Jahren wäre das ein Unding gewesen, zu sagen, wir stellen politische Bildung auf den Prüfstand, ob sie öffentlich gefördert werden soll oder nicht. Das wäre nicht gegangen, sage ich mal. Ich glaube, dass man das heute machen könnte, ohne dass es einen Aufschrei gäbe.«*[1] Und eine Interviewpartnerin meinte, dass es zwar in der *»Interaktion zwischen politischen Bildnern und Teilnehmern«* keine Krise gebe, wohl aber in der und durch die *»Kommunikation mit der Bildungspolitik«*, die immer stärker von *»Skepsis«* und *»Kontrollfragen«* bestimmt sei: *»Was bringt ihr denn eigentlich? Und bringt es der Gesellschaft was? Kümmert ihr euch um die Randgruppen? Erreicht ihr genug Jugendliche?«* Insofern könne man durchaus eine Krise feststellen, die aber eben nicht in einem *»erschütterten Berufsverständnis«* begründet sei oder darin, *»dass die Leute das nicht mehr haben wollten, was wir ihnen anbieten«*, sondern *»wirklich in dieser zunehmenden Nichtwertschätzung«*.

Doch eine wirkliche Beeinträchtigung, Marginalisierung, Krise politischer Erwachsenenbildung drohe, das war die einhellige Meinung der Interviewten, vor allem durch die Reduzierung der öffentlichen Finanzierung. Wie kaum ein anderes Thema durchzog das Problem der rückläufigen öffentlichen Zuschüsse bei steigenden Kosten die Aussagen der befragten Expertinnen und Experten. Obwohl in unserem Leitfaden erst gegen Ende des Interviews vorgesehen (als »Nachfrage«, ob und inwieweit die »Finanzen« bei der Programmplanung eine Rolle spielen), wird

---

1 Die kursiv gesetzten Zitate sind wörtlich den Interviews entnommen. Bisweilen haben wir den Text sprachlich ein wenig »geglättet«.

die schwierige finanzielle Situation meist schon vorher in unterschiedlichen Kontexten thematisiert.

Aspekte der »Kostendeckung« spielen ganz offenkundig bei der Programmplanung eine immer größere Rolle, mit problematischen Folgen für die Angebotsvielfalt, die erreichbaren Zielgruppen und nicht zuletzt für die Arbeitsbedingungen der pädagogischen Mitarbeiterinnen und Mitarbeiter selbst: Der Arbeitsplatz wird unsicher, die Grenze zur Selbstausbeutung schnell überschritten und Lohnverzicht ist nicht unbekannt. So antwortete eine Expertin auf die Frage, ob sich die finanzielle Situation auf ihre Planung auswirke: *»Ja insofern, dass ich überlegen muss, ob ich in Zukunft wirklich einen ganzen Tag bezahlt werde oder nur noch für einen dreiviertel Tag und einen ganzen Tag arbeiten muss. Wir hatten ja die ersten Kürzungen. Die Seminarpreise können wir nicht erhöhen, denn dann kriegen wir weniger Teilnehmer, dann gibt es Einbrüche.«* Diese Erfahrung ist kein Einzelfall. Und die Kompensation durch Drittmittel, so sie denn gelingt, ist ambivalent. Der Versuch, die Arbeit durch andere Finanzierungsquellen sicherzustellen, kostet im Alltag immer mehr Zeit und Energie. Schon jetzt ist der Arbeitsdruck enorm, wird zusätzlich zur disponierenden Tätigkeit und zur Arbeit in eigenen Seminaren viel Zeit für die (notwendige) Öffentlichkeitsarbeit und die Akquisition von Drittmitteln aufgewandt. Dazu kommt die Lobbyarbeit: Finanzmittelgeber müssen von der Idee überzeugt und wollen über Projekte informiert werden. Auch die gewünschte Kooperation zwischen Bildungseinrichtungen und die »Netzwerkarbeit« ist von den pädagogischen Mitarbeitern zusätzlich zu meistern.

Viele der Interviewten befürchten, dass der verstärkte Kostendruck nicht ohne Auswirkungen auf die Angebotsvielfalt und das Profil einzelner Einrichtungen bleiben wird. »Experimente« mit neuen Themen und Konzepten sind, gerade was ihren ökonomischen Erfolg angeht, höchst ungewiss, und so liegt es nahe, lieber auf bewährte »Dauerbrenner« zu setzen. Auch »Spezialthemen«, die das Profil einzelner Einrichtungen bisher prägten und, obwohl sie sich nicht »rechneten«, regelmäßig angeboten wurden, eben weil, wie es ein Experte formuliert, *»es uns das wert war«*, drohen dem ökonomischen Kalkül zum Opfer zu fallen: *»Und insofern sind all die Spezialitätenecken in einem solchen Haus schwieriger geworden, weil man immer fragen muss: Reicht das Geld noch dafür? Das ist ein gewisser Teufelskreislauf, der da ist, weil das Profil damit natürlich auch zu verflachen droht.«* Die allseits propagierte und auch der politischen Erwachsenenbildung gern empfohlene »Marktorientierung« führt so gerade nicht, wie oft behauptet, zu einer Spezialisierung und Profilierung einzelner Anbieter, sondern zu allmählicher Angleichung und Verflachung.

Politische Erwachsenenbildung ist – wenige Sonderfälle ausgenommen – nicht marktfähig. Es ist, wie Klaus-Peter Hufer feststellt, »illusorisch anzunehmen, dass Jugendliche und Erwachsene etwa für ein Antirassismustraining oder ein entwicklungspolitisches Seminar genauso viel bezahlen wie für einen Computerkurs, ein Angebot in Wirtschaftsenglisch oder ein Verkaufstraining.«[1] Es ist ganz offensichtlich, die Finanzierung nachhaltiger, von politischen Konjunkturen unabhängiger politischer Erwachsenenbildungsangebote ist schwieriger geworden, droht prekär zu werden. Und eine dafür ausgelobte Finanzierung durch Drittmittel schafft eher kurzfristige Highlights, mit der sich die Politik zwar dann schmücken kann, die aber im Alltag politischer Bildung schnell wieder zu versacken drohen. Trotzdem halten die Akteure der politischen Erwachsenenbildung offenbar mit einer

---

1 Klaus-Peter Hufer: Unter dem Druck des Marktes. Politische Erwachsenenbildung in der Zange, in: Erziehung und Wissenschaft, Heft 1/2002, S. 15 f., hier S. 16.

erstaunlichen Hartnäckigkeit an Angeboten auch zu den Themen Fremdenfeindlichkeit und Rechtsextremismus fest.

Neben den Interviews mit den pädagogischen Mitarbeiterinnen und Mitarbeitern hatten wir in unserer NRW-Studie eine ausführliche Programmanalyse und eine Fragebogenerhebung[1] durchgeführt, in der u. a. die quantitative Bedeutung verschiedener Themenfelder politischer Erwachsenenbildung erfasst wurde. In weiten Teilen unserer Untersuchung bestätigten sich die Ergebnisse beider Vorgehensweisen wechselseitig. Bei einem Thema allerdings unterschieden sich die Ergebnisse auffällig: Die »Prävention von Rechtsextremismus, Fremdenfeindlichkeit und Gewalt«, nach unserer Programmanalyse ein eher selten aufgegriffenes Thema mit einem Anteil von knapp 2 Prozent am Gesamtangebot politischer Erwachsenenbildung (»Platz 16« der Rangliste), spielt in der Einschätzung der Einrichtungen, wie sie in der Fragebogenerhebung zum Ausdruck kommt, eine wesentlich größere Rolle. In jeder vierten Einrichtung, so die Antwort der Anbieter, habe das Thema »einen großen Anteil« am Angebot politischer Bildung, womit es immerhin den vierten Platz der Rangliste belegt (vgl. Abbildung 1, S. 30). Zur Erklärung dieser Differenz bieten sich zwei Interpretationen an[2], die sich wechselseitig nicht unbedingt

---

1 Analysiert wurden die Bildungsprogramme des Jahres 2004 von 27 Einrichtungen der politischen und allgemeinen Erwachsenenbildung. Die Fragebogenerhebung richtete sich an 142 Einrichtungen, von denen 116 antworteten.

2 Eine dritte Annahme, wir hätten mit unserer Programmanalyse zufällig vor allem Einrichtungen erfasst, die dem Thema »Rechtsextremismus, Fremdenfeindlichkeit und Gewalt« besonders geringe Beachtung schenkten, können wir anhand unserer Daten ausschließen. Da die meisten Einrichtungen, die wir für die Programmanalyse ausgewählt hatten, auch einen Fragebogen beantwortet haben, konnten wir deren Antworten mit den Antworten der übrigen Erwachsenenbildunginstitutionen vergleichen, und ein solcher Vergleich ergab keine auffälligen Unterschiede im Angebotsspektrum.

ausschließen. Eine mögliche Erklärung könnte in einer gewissen Diskrepanz zwischen »Anspruch« und »Wirklichkeit« liegen. Das Thema wird zwar als durchaus wichtig angesehen, als Aufgabe und Herausforderung für die politische Bildung, ohne dass sich dieses Verständnis allerdings in einem entsprechend umfangreichen Bildungsangebot regelmäßig und in jedem Jahr niederschlägt. Die im Fragebogen geäußerte Einschätzung wäre dann vor allem eine Beurteilung der *qualitativen* und nicht, wie in der Frage eigentlich intendiert, der *quantitativen* Bedeutung, möglicherweise auch Ergebnis einer selektiven Wahrnehmung und Überbewertung der (wenigen) Veranstaltungen zum Thema »Rechtsextremismus und Fremdenfeindlichkeit«. Die zweite Erklärung: Das Thema »Rechtsextremismus und Fremdenfeindlichkeit« und vor allem das Ziel der Prävention werden in der Tat in und mit zahlreichen Angeboten der politischen Erwachsenenbildung verfolgt, allerdings nicht immer explizit in den Veranstaltungstiteln und Informationstexten angesprochen. So ließen sich in den ausgewerteten Bildungsprogrammen Veranstaltungsbeispiele finden, die die Vermutung nahelegen, dass beispielsweise die Beschäftigung mit der NS-Vergangenheit häufig mit dem, wenn auch nicht ausdrücklich formulierten, Ziel verbunden ist, rechtsextremen Einstellungen entgegenzuwirken, und dass viele Veranstaltungen zum Themenfeld »Migration, Minderheiten, interkultureller Dialog, internationale Begegnung« zumindest *auch* angeboten werden, um durch Information und Begegnung fremdenfeindliche Vorurteile infrage zu stellen oder erst gar nicht aufkommen zu lassen.

Einige Aussagen in unseren Experteninterviews erhärten diese Vermutung. So antwortet der Mitarbeiter einer Einrichtung, die regelmäßig Gedenkstättenseminare durchführt, auf die Frage nach dem Stellenwert des Themas Rechtsextremismus und Fremdenfeindlichkeit: *»Erst mal haben wir immer gedacht, dass wir, wenn wir solche Gedenkstättenfahrten machen, dass wir viel zu dem Themenbereich tun. Wir bleiben dann auf der Ebene der Beschäftigung mit der Vergangenheit, aber ich denke, wir sensibilisieren auch so eine Menge bei Jugendlichen«.* Zugleich sei es allerdings auch nötig, sich in weiteren Veranstaltungen *»mit dem gegenwärtigen Teil von Rechtsextremismus, von Fremdenfeindlichkeit, Kulturfeindlichkeit auseinanderzusetzen, weil man eben nicht denken sollte, die Beschäftigung mit dem Nationalsozialismus allein würde dieses Thema aufgreifen, sondern es sind auch durchaus zwei eigenständige Felder für sich.«* Und eine Interviewpartnerin berichtet: *»Wir haben mal ein Seminar angeboten zu Frauen und Rechtsextremismus, das ist nicht nachgefragt und besucht worden. Also wir hatten mehrere Versuche, aber das haben wir dann im Zuge des Zeitgeists wieder rausgenommen, weil es sich einfach nie gefüllt hat. Also als Seminarinhalt, bei anderen Themen, wird schon darauf eingegangen, wenn auch nicht ausschließlich als eigenes Seminar. Also interkulturelle Kompetenz, das ist auch so ein Seminarangebot.«* Ein anderer Gesprächspartner betrachtet Fremdenfeindlichkeit und Rechtsextremismus als Querschnittsthema: *»Es ist in fast allen Seminaren unseres politischen Bildungsangebots ein Thema: Umgang mit Verschiedenheit, sage ich mal im weitesten Sinne, aber auch spezifische Migrationserfahrungen.«* Allerdings habe sich die Situation derzeit *»entschärft«: »Es ist im Moment nicht so sehr eine Frage von fremdenfeindlichen Aktionen oder rechtsradikalen, die wir hier diskutieren, die es natürlich nach wie vor gibt, sondern stärker die Frage: Was heißt heute Integration, mit welchen Migrationserfahrungen kommen auch ausländische Kollegen zu uns in die Seminare – auch die der zweiten und dritten Generation, was eine ganz andere Erfahrung ist. Was gibt es dort für Erfahrungen in den Familien, in den Gruppen? Das ist Alltag unserer Seminararbeit.«*

Unterstützt wird die Annahme, das Thema »Rechtsextremismus, Fremdenfeindlichkeit und Gewalt« werde auch in einer Reihe von Veranstaltungen aus anderen Themenfeldern aufgegriffen, schließlich durch einen Blick in die speziellen Veranstaltungskataloge, die das Evangelische Erwachsenenbildungswerk Nordrhein drei Semester lang herausgegeben hat. In diesen Programmheften waren, wie es Doris Sandbrink in einem Beitrag über »Rechtsextremismus als Herausforderung für die Evangelische Erwachsenenbildung« beschreibt, alle Bildungsangebote der »Mitgliedseinrichtungen (Gemeinden, Kirchenkreise, Verbände und Studienstelle)« zusammengestellt, »die sich gegen Gewalt, Fremdenfeindlichkeit und Rechtsextremismus richteten«[1]. Und auch in diesen Programmen finden sich neben Veranstaltungen, die sich explizit mit Rechtsextremismus und Fremdenfeindlichkeit befassen, zahlreiche Bildungsangebote zur NS-Geschichte und zur interkulturellen Bildung[2].

Wir hatten in unserer Studie auch nach aktuellen Themenkonjunkturen, nach »Gewinnern« und »Verlierern« gefragt, und auf die Frage, welche Themen »in den letzten fünf Jahren« (also etwa seit dem Jahr 2000) an Bedeutung gewonnen haben, nannten immerhin 17 Prozent der Befragten eben das Thema »Rechtsextremismus, Fremdenfeindlichkeit und Gewalt«, während nur 5 Prozent einen Bedeutungsverlust dieses Themas feststellten.

Im September 2012 haben wir einen Teil unserer Umfrage aktualisiert und die Erwachsenenbildungseinrichtungen, die in der 2005er Befragung einen Fragebogen von uns erhalten hatten, erneut nach

---

1 Doris Sandbrink: Rechtsextremismus als Herausforderung für die Evangelische Erwachsenenbildung, in: Klaus Ahlheim (Hrsg.): Intervenieren, nicht resignieren. Rechtsextremismus als Herausforderung für Bildung und Erziehung, Schwalbach/Ts. 2003, S. 230-240, hier S. 235; der Beitrag dokumentiert auch eine Übersicht über die Themen der im zweiten Katalog (2. Halbjahr 2001) aufgeführten Veranstaltungen (S. 236 f.).

2 Außerdem eine Reihe von (Trainings-)Veranstaltungen zur gewaltfreien Konfliktlösung, die nicht unbedingt der *politischen* Bildung zuzurechen sind, was allerdings auch nicht Anspruch der Veranstaltungskataloge war.

Abbildung 1

Themenfelder der politischen Erwachsenenbildung in NRW

Welchen Anteil haben die folgenden Themen an Ihrem Programm der politischen Bildung?

– Prozentsatz der Antwort »einen großen Anteil« –

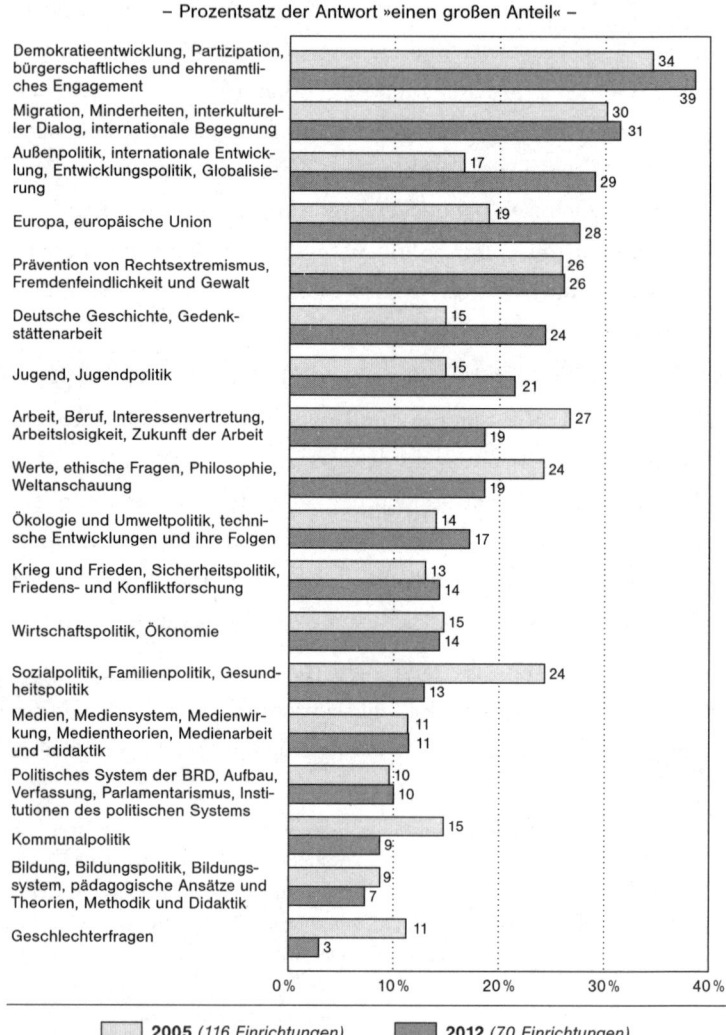

2005 *(116 Einrichtungen)*   2012 *(70 Einrichtungen)*

Datenbasis: postalische Befragung 2005 und Online-Umfrage 2012

der quantitativen Bedeutung unterschiedlicher Themenfelder in der politischen Erwachsenenbildung gefragt.[1] Vergleicht man die Ergebnisse der beiden Befragungen (Abbildung 1), zeigt sich neben einigen auffälligen Verschiebungen (z. B. einem deutlichen Rückgang bei den Themen Arbeit und Sozialpolitik) doch eine weitgehende Themenkonstanz in den Angeboten politischer Erwachsenenbildung. Das gilt nicht zuletzt für das Thema »Rechtsextremismus, Fremdenfeindlichkeit und Gewalt«. Wie schon im Jahr 2005 hat es in einem Viertel der befragten Einrichtungen »einen großen Anteil«[2] am Bildungsangebot, und auch die »Nachbargebiete« wie »Migration, Minderheiten, interkultureller Dialog, internationale Begegnung« und »Deutsche Geschichte, Gedenkstättenarbeit« gehören nach wie vor zu den wichtigen Themen der politischen Bildung.

In der Einschätzung, welche Themenbereiche in den letzten fünf Jahren an Bedeutung gewonnen und welche an Bedeutung verloren haben, gehört die politische Bildung »gegen rechts« sogar eindeutig zu den »Gewinnern« (vgl. Abbildung 2). Nur 4 Prozent der befragten Einrichtungen stellen bei diesem Thema einen Bedeutungsverlust fest, 29 Prozent dagegen einen Bedeutungsgewinn.

---

1 Anders als im Jahr 2005 wurde diese »Nachbefragung« online durchgeführt. Der Fragebogen war gegenüber der früheren Studie deutlich reduziert und enthielt nur noch die Fragen nach dem quantitativen Gewicht unterschiedlicher Themenfelder und deren Entwicklung in den letzten fünf Jahren. Zusätzlich wurden die Bedeutung zusätzlicher Projektmittel für Angebote zur Prävention von Rechtsextremismus, Fremdenfeindlichkeit und Gewalt erhoben. Von den ursprünglich 142 Einrichtungen waren inzwischen fünf geschlossen oder mit anderen Einrichtungen fusioniert. Die Stichprobe reduzierte sich damit auf 137 Einrichtungen, von denen 70 (51 Prozent) antworteten.

2 Die Antwortvorgaben des Fragebogens lauteten: »einen großen Anteil«, »einigen Anteil«, »einen geringen Anteil« und »keinen Anteil«.

Abbildung 2

»Gewinner« und »Verlierer«
in der politischen Erwachsenenbildung

Wenn Sie die Entwicklung der letzten fünf Jahre betrachten, welche Themenbereiche haben in dieser Zeit in Ihrem Bildungsangebot an Bedeutung *gewonnen* und welche haben an Bedeutung *verloren*?

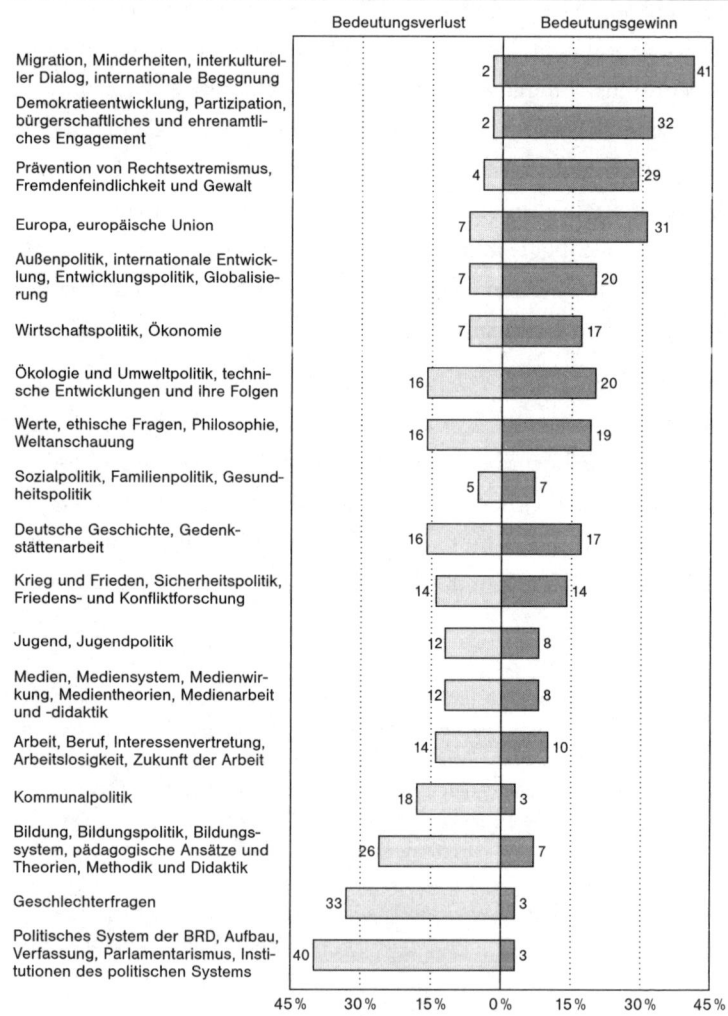

Datenbasis: Online-Umfrage 2012, 70 Einrichtungen

Die Prävention von Rechtsextremismus und Fremdenfeindlich-keit erweist sich also insgesamt als ein Thema, dem die Einrich-tungen der allgemeinen und politischen Erwachsenenbildung großes Gewicht beimessen. Die empirischen Befunde sprechen für das Bemühen, im Bildungsangebot eine gewisse Kontinuität und Langfristigkeit zu sichern, ohne die gerade das Engagement »gegen rechts« wenig Aussicht auf Erfolg hat. Die politischen Rahmenbedingungen dieser Arbeit fördern und belohnen indes eher kurzfristige, auf aktuelle politische Herausforderungen und Programme reagierende Aktivitäten. Wie unsere Nachfrage erge-ben hat, nimmt die Drittmittelakquise inzwischen im beruflichen Alltag der Akteure politischer Bildung und in der Planung der Institutionen einen großen Raum ein, auch beim Thema »Rechts-extremismus, Fremdenfeindlichkeit und Gewalt« (vgl. Tabelle 1). Fast die Hälfte der entsprechenden Angebote wird inzwischen vollständig oder teilweise über zusätzlich eingeworbene Projekt-mittel finanziert.

Deutlicher noch als in diesem Ergebnis wird die schwierige Lage der Bildungsinstitutionen in einem nicht intendierten »Nebenbe-fund« unserer Nachbefragung: Schon beim Pretest des Erhe-bungsinstruments[1] äußerten sich einige der angesprochenen päd-agogischen Mitarbeiterinnen und Mitarbeiter auch zu den Rah-menbedingungen politischer Erwachsenenbildung, die in unseren Fragen gar nicht thematisiert würden. Sie machten u. a. auf die Tatsache aufmerksam, dass die politische Erwachsenenbildung auf immer kürzere Formate zurückgreifen müsse und stärker auf

---

1 Um die Verständlichkeit der Fragen und die technische Funktionalität des Online-Verfahrens zu überprüfen, wurden im Vorfeld der Haupterhebung acht Erwachsenenbildnerinnen und Erwachsenenbildner gebeten, den Frage-bogen testweise auszufüllen und uns mögliche Unzulänglichkeiten mitzutei-len.

Tabelle 1

Finanzierung von Veranstaltungen zur »Prävention von Rechtsextremismus, Fremdenfeindlichkeit und Gewalt«

Wenn Sie in den letzten fünf Jahren Veranstaltungen zum Thema *»Prävention von Rechtsextremismus, Fremdenfeindlichkeit und Gewalt«* angeboten haben, wie wurden die finanziert: aus den normalen Haushaltsmitteln und/oder mit speziellen, zusätzlichen Projektmitteln?

ausschließlich oder überwiegend aus Haushaltsmitteln	52 %
aus Haushalts- und aus Projektmitteln	33 %
überwiegend oder ausschließlich aus Projektmitteln	15 %

Datenbasis: Online-Umfrage 2012

Kooperation verschiedener Partner angewiesen sei, weil die Finanz- und Projektmittel immer knapper würden. In der Hauptbefragung kommentierte dann einer der Befragten die Situation politischer Erwachsenenbildung in einer ausführlichen Begleit-Mail zum Online-Fragebogen: »Ich möchte zu der (Gesamt-)Entwicklung der letzten Jahre noch einen wichtigen Gesichtspunkt ergänzen. M. E. treffen die finanziellen Kürzungen und die Arbeitsverdichtung in der allgemeinen Weiterbildung in besonderer Weise die politische Bildung. Veranstaltungen der politischen Bildung in Einrichtungen der allgemeinen Weiterbildung (seien es Volkshochschulen oder Einrichtungen in anderer Trägerschaft) sind zum größten Teil Einzelveranstaltungen mit maximal drei Unterrichtsstunden. Diese Veranstaltungen sind in der Regel teurer als umfangreichere Kurse und bezogen auf die Unterrichtsstunde immer erheblich aufwändiger in der Planung. Dies führt dann unter den o. g. Bedingungen knapperer Mittel und geringerer Planungszeit pro Unterrichtsstunde dazu, dass tendenziell eher andere Veranstaltungen mit geringeren Kosten und weniger Aufwand geplant werden und die Planung von Veranstaltungen der politischen Bildung hinten herunterfällt.«

Die schon erwähnte Extremismusklausel der Familienministerin Schröder sorgt zusätzlich für unnötige und unsinnige Erschwernis. Nimmt man noch hinzu, dass die politische Bildung hierzulande, bisher fast unbemerkt, vor einem politischen »Systemwechsel« stehen könnte, wie ihn jüngst Paul Ciupke akribisch beschreibend prognostiziert hat – Ciupke sieht in den allgegenwärtigen modernen Steuerungsversuchen wie dem »Deutschen Qualifikationsrahmen« (DQR) auch einen Angriff auf die Verfassung der politischen Bildung und ihrer bisherigen Arbeitsprinzipien[1] –, dann sind die von der Politik gewollten und gemachten Rahmenbedingungen für die politische Bildung »gegen rechts« in diesem Lande nicht gerade glänzend. Man sollte die (Bildungs-)Politiker hartnäckig an die schlechten Rahmenbedingungen der politischen Bildung erinnern, die sie selbst zu verantworten haben, wenn sie wieder einmal nach der politischen Bildung verlangen, weil die Rechtsextremen gerade Wahlerfolge einfahren oder ein rechtsextremer »Vorfall«, wie man die Mord- und Brandanschläge im politischen Behördendeutsch bisweilen titulierte, für ungewollte und unangenehme Öffentlichkeit, auch noch im Ausland, sorgt. Aber all das ist doch eher ein kleineres Versagen der Politik.

---

1 Paul Ciupke: Außerschulische politische Bildung vor dem Systemwechsel?, in: Klaus Ahlheim/Johannes Schillo (Hrsg.): Politische Bildung zwischen Formierung und Aufklärung, Hannover 2012, S. 156-172.

Zäsur für die politische Bildung:
Die Mordtaten Breiviks, des NSU
und ihre Folgen

Wir befinden uns im Jahr eins nach der zufälligen Aufdeckung der fremdenfeindlichen Mordtaten des NSU, des Nationalsozialistischen Untergrunds, im Jahr eins nach dem politisch motivierten Massenmord des Wahnsinnstäters Breivik und – auch wenn man da keine *direkte* Verbindung herstellen sollte – im Jahr zwei einer Debatte, die, von dem Sozialdemokraten Thilo Sarrazin ausgelöst, den Ethnozentrismus in der Mitte der Gesellschaft, nicht nur am Stammtisch, auch im durchaus gehobenen Alltagsdiskurs, endgültig salonfähig gemacht hat. Und der öffentliche Umgang mit diesen Ereignissen in der Politik und in den Medien zeichnet sich gerade nicht durch die Bereitschaft zu rationaler politischer Aufklärung aus. Das aber ist in seiner Wirkung kontraproduktiv für eine politische Bildung »gegen rechts«, eines der größeren denkbaren Hindernisse für politische Arbeit im Sinne vorurteilsfreier Vernunft.

Thilo Sarrazin, nicht irgendein Schreiber aus der rechten Szene, ein Politiker vielmehr, der im Laufe seines Lebens wichtige und einflussreiche Ämter innehatte, Sarrazin, der gewissermaßen doppelt zertifizierte Sozialdemokrat, der zwei Parteiausschlussverfahren unbeschadet, ja mit Bravour überstand, hat mit seinem »Deutschland schafft sich ab«[1] das gesellschaftliche Klima weiter

---

[1] Thilo Sarrazin: Deutschland schafft sich ab. Wie wir unser Land aufs Spiel setzen, München 2010; zur Kritik ausführlich: Klaus Ahlheim: Sarrazin und der Extremismus der Mitte. Empirische Analysen und pädagogische Reflexionen, Hannover 2011.

eingeschwärzt und öffentlichkeitswirksam fremdenfeindliche, islamophobe Vorurteile mit einem schon weit verbreiteten Nationalstolz verbunden. Seinen überragenden öffentlichen Erfolg, den rasanten Aufstieg zum Bestseller-Autor verdankt Sarrazin genau diesem Ethnozentrismus, verdankt er der Selbstverständlichkeit, mit der er den Wert der eigenen Nation setzt, mit biologistischen Argumenten unseliger Tradition gegen die Fremden und Anderen ressentimentgeladen ausspielt und in ein abstruses Untergangsszenario einfügt. Christian Geyers Vorab-Kritik im Feuilleton der »Frankfurter Allgemeinen Zeitung«[1] war schon treffend: Es sei die »Allmacht der Genetik«, die Sarrazins Buch auszeichne, das Biologische sei das Elementare, kulturell sei bei ihm nur »ein Deckwort für genetisch« und Sarrazins ganze Erzählung sei die »Untergangsgeschichte einer Nation«. Das hat nun durchaus Tradition.

In ihrem 1934 zuerst erschienenen »Die deutsche Mutter und ihr erstes Kind«, einem vieltausendfach aufgelegten Erfolgsbuch zur Säuglingspflege, voller Nazi-Ideologie und gespickt mit Erziehungsratschlägen ganz und gar »schwarzer Pädagogik«, beschwört die nationalsozialistische Erziehungsexpertin Johanna Haarer einleitend »die riesenhafte Gefahr des Volkstodes, die der Geburtensturz der letzten Jahrzehnte für uns bedeutet«, und fährt dann fort: »Der erste Anstieg unserer Geburtenzahl, so erfreulich er ist, darf uns nicht hindern, die Wirklichkeit klar zu sehen. Soll nur der gegenwärtige Bestand unseres Volkes erhalten bleiben, so müssen wir eine Geburtenzahl von 1 400 000 jährlich erreichen. Das heißt: Die Ehen müssen wieder kinderreicher werden! ... Deutschland, heute noch vergreist und überaltert, kann nur dann

---

1 Christian Geyer: So wird Deutschland dumm, in: »Frankfurter Allgemeine Zeitung« vom 26.08.2010, S. 27.

wieder ein kinderreiches Land der Jugend werden, wenn aus jeder Ehe vier Kinder hervorgehen. ... Eine ungeheure weltanschauliche Wandlung vollzieht sich zur Zeit in unserem Volk. Neue Pflichten, neue Verantwortung warten auf jeden. Auf uns Frauen wartet als unaufschiebbar dringlichste die eine uralte und ewig neue Pflicht: Der Familie, dem Volk, der Rasse Kinder zu schenken.«[1]

Haarers Buch war im nationalsozialistischen J. F. Lehmanns Verlag erschienen. »Volk in Gefahr! Der Geburtenrückgang und seine Folgen für Deutschlands Zukunft« heißt ein ebenfalls mehrfach aufgelegtes Büchlein, herausgegeben von Otto Helmut, für das der Lehmanns Verlag im Anhang des Haarer-Buches[2] wirbt: »Dieses Büchlein geht jeden Deutschen sehr nahe an. Es ist ein ausgezeichnetes Aufklärungsbuch, denn in überaus einprägsamen Bildern sind Geburten- und Sterbeziffern dargestellt, der trügerische Geburtenüberschuß, der Altersaufbau und die Vergreisung unseres Volkes, die Lasten, die die Kinderarmut dem Volk auferlegt, der Rückgang des Vollwertigen, die Zunahme der Minderwertigen, die Folgen der Verstädterung; die Ursachen des Geburtenrückganges in Deutschland und das bedrohliche Wachstum unserer Nachbarn.« »Geburtenkrieg« heißt gar ein anderer Verlagstitel; er begreift, wie eine Rezension vermerkt, »Geburtenpolitik als Gesinnungspolitik« und den Willen zum Kind »als Ergebnis nationalsozialistischer Gegenwartserkenntnis und Zukunftsverantwortung«. Und ein Buch mit dem Titel »Die Ungeborenen.

---

1 Johanna Haarer: Die deutsche Mutter und ihr erstes Kind, 101.-110. Tausend, München/Berlin 1938, S. 8; vgl. dazu: Johanna Haarer/Gertrud Haarer: Die deutsche Mutter und ihr letztes Kind. Die Autobiografien der erfolgreichsten NS-Erziehungsexpertin und ihrer jüngsten Tochter, herausgegeben und eingeleitet von Rose Ahlheim, Hannover 2012.

2 Vgl. Johanna Haarer: Die deutsche Mutter und ihr erstes Kind, S. 267 ff.

Ein Blick in die geistige Zukunft unseres Volkes« wird so besprochen und beworben: »Dieses Buch gehört in die Reihe der Aufrufe gegen die Kulturgefährdung Europas, der weißen Rasse überhaupt, die heute nicht nur in Deutschland und Italien, sondern auch anderwärts ertönen. Die Gefahrenlage, die durch das Ungeborenbleiben der geistigen Erbträger entstanden ist, wird durch diesen Tatsachenunterbau viel eindringlicher aufgezeigt als durch allgemeine Erörterungen.« Genau das aber, das Ungeborenbleiben geistiger Erbträger, treibt auch Sarrazin um und seine Angst, Deutschland könne sich abschaffen, an.

Das führt bisweilen zu einer geradezu grotesken Logik und verzerrten Wahrnehmung. Wir, schreibt Sarrazin im Einleitungskapitel, »machen uns Gedanken über das Weltklima in 100 oder 500 Jahren. Mit Blick auf das deutsche Staatswesen ist das völlig unlogisch, denn beim gegenwärtigen demografischen Trend wird Deutschland in 100 Jahren noch 25 Millionen, in 200 Jahren noch 8 Millionen und in 300 Jahren noch 3 Millionen Einwohner haben. Warum sollte uns das Klima in 500 Jahren interessieren, wenn das deutsche Gesellschaftsprogramm auf die Abschaffung der Deutschen hinausläuft?«[1] Ohne Deutschland und die Deutschen, so kann man folgern, darf die Welt ruhig zugrunde gehen. Immer wieder schreibt der Autor in seinem Buch gegen die Folgen eines vermeintlich eindeutig-linearen demografischen Trends an, variiert seine Position dabei nur leicht. »Wer sich bei der Geburtenrate nichts zutraut«, schreibt er an anderer Stelle forsch, fast schon frivol, »braucht bei der Welttemperatur gar nicht erst anzutreten«. »Was wird denn in Deutschland geschehen«, fragt er sogleich besorgt und ganz im Stil der Rechtsaußen-Angst-Phantasie vom aussterbenden deutschen Volk, »wenn das deutsche Volk

---

1 Thilo Sarrazin: Deutschland schafft sich ab, S. 17 f.

still dahinscheidet? Wird man hier dann mehrheitlich türkisch sprechen oder arabisch, vielleicht auch französisch oder polnisch, weil diese Völker ihre Probleme besser lösen?«[1] Man muss den Subtext zu diesen Untergangsszenarien lesen, der heißt: »Deutschland, Deutschland über alles, über alles in der Welt ...«

Doch Sarrazin weiß Rat, schlechten Rat, denn er endet in Eugenik. Unter der Überschrift »Weshalb die Nettoreproduktionsrate kein Schicksal sein darf« schreibt er sein Untergangsszenario für Deutschland zunächst fort: »Die Fremden, die Frommen und die Bildungsfernen sind in Deutschland überdurchschnittlich fruchtbar. Im Falle der muslimischen Migranten sind die drei Gruppen weitgehend deckungsgleich ... Die Folgen für Deutschlands intellektuelles und technisches Potential, seinen Lebensstandard und seine Stellung in der Welt liegen auf der Hand.«[2] Es könne freilich noch durchaus anders kommen, verkündet Sarrazin hoffnungsfroh, es müsse eben »die Nettoreproduktionsrate der deutschen Mittelschicht und insbesondere der Bevölkerung mit hohem Bildungsstand«[3] wieder steigen, die Mittel- und Oberschicht müssen deutlich mehr Kinder bekommen und die Unterschicht eben weniger, leicht sei eine solche Wende im »Geburtenverhalten« der Deutschen aber nicht. Der letzte in einer Reihe von Verbesserungsvorschlägen, die Sarrazin macht, zeigt, wohin seine Argumentation letztlich führt: »Es könnte beispielsweise bei abgeschlossenem Studium für jedes Kind, das vor Vollendung des 30. Lebensjahres der Mutter geboren wird, eine staatliche Prämie von 50.000 Euro ausgesetzt werden ... Die Prämie – und das wird die politische Klippe sein – dürfte allerdings nur selektiv einge-

---

1 Ebd. S. 346.
2 Ebd. S. 372.
3 Ebd. S. 373.

setzt werden, nämlich für jene Gruppen, bei denen eine höhere Fruchtbarkeit zur Verbesserung der sozioökonomischen Qualität der Geburtenstruktur besonders erwünscht ist.«[1]

Sarrazin ist zumindest ein Symptomträger, vielleicht auch mehr. Im Juli des Jahres 2011 wurden Sarrazin und seine Thesen auf dramatische Weise aktuell. Sarrazins gescheiterter, eher tapsiger Auftritt bei den türkischen Bewohnern in Berlin-Kreuzberg wurde im Fernsehen zeitgleich gesendet mit den Wahnsinnsattentaten in Oslo. Ein christlicher, rechter Fundamentalist, voller Hass auf den Islam und den Marxismus (das Letztere ging in der deutschen Debatte schnell unter) hatte zugeschlagen, ein Täter, wie man bald verstört schrieb, aus der »Mitte der Gesellschaft«. »Wie gefährlich ist Sarrazins Buch?« titelte die Presse und in der Öffentlichkeit wurde, wie die »Westdeutsche Allgemeine Zeitung« es nannte, eine »Nährboden-Debatte« geführt[2], wurde nicht selten ein Zusammenhang hergestellt zwischen dem »Sarrazinismus« in Deutschland und dem Osloer Verbrechen.

Im Dezember des Terrorjahres 2011 erfährt die Öffentlichkeit dann von rekonstruierten Videos des »Nationalsozialistischen Untergrunds« NSU, in denen die Mordopfer zur Schau gestellt werden, versehen jeweils mit demselben zynischen Kommentar: Dem Erschossenen, heißt es da, sei nun klar, »wie ernst uns der Erhalt der deutschen Nation ist«[3]. Ein Satz wie aus dem Diskurs der Mitte mit seinen nationalen Untergangsphantasien.

Aber dem Erschrecken über die rechtsextremen Morde und Mörder folgte in der Politik und den sogenannten Leitmedien das, was

---

1 Ebd. S. 389 f.

2 Daniel Freudenreich/Matthias Korfmann/Christopher Onkelbach: Wie gefährlich ist Thilo Sarrazins Buch?, derWesten.de (»Westdeutsche Allgemeine Zeitung«), 28.07.2011.

3 Christian Rath: »Erhalt der deutschen Nation«, taz.de, 14.12.2011.

man schon seit Jahren als Reaktion auf rechtsextreme Gewalttaten geübt hat: Verharmlosen, Verdrängen und vor allem Entpolitisieren. In Deutschland war in manchen Medien bald mehr von der Terrorbraut des Nationalsozialistischen Untergrunds die Rede als vom ideologischen Umfeld des Rechtsextremismus, vom ganz »normalen« Fremdenhass[1] und dem Stolz auf das eigene Land, vom Ethnozentrismus in der Mitte der Gesellschaft. Und fast wundersam wurde der anfangs heftigen, vielleicht auch ehrlich erschrockenen öffentlichen Debatte um die Mordtaten des NSU der Rang abgelaufen von einer ungleich heftigeren Medienempörung über ein weniger mörderisches, ja ganz und gar nicht bedrohliches Problem. Bundespräsident Wulf und Gattin erregten fortan die Nation. Über die Nazi-Morde gab es lange Monate nur spärliche Berichte. Immerhin war der Verfassungsschutzbericht für das Jahr 2011 noch einmal Anlass für Schlagzeilen[2], weil er vor möglichen Nachfolgetaten des NSU warnte, aber der Bericht ist selbst ein Dokument der Verharmlosung rechtsextremen Treibens durch scheinbare Ausgewogenheit: kein einziges Wort zur eigenen Rolle, zum Versagen des Verfassungsschutzes, zum »Verschwinden« von wichtigen Akten, aber viele Informationen zum sogenannten Ausländerextremismus und bisweilen fast schon Skurriles zum »Linksextremismus«. Die linksextremistische Szene werde gewalttätiger, wusste denn auch die »Bild-Zeitung« unter Berufung auf den Verfassungsschutzbericht zu melden, fragte besorgt, ob »Deutschland ein neuer linker Terror« drohe[3] und

---

1 So schon früh Alphons Silbermann und Francis Hüsers: Der »normale« Haß auf die Fremden. Eine sozialwissenschaftliche Studie zu Ausmaß und Hintergründen von Fremdenfeindlichkeit in Deutschland, München 1995.

2 Zuerst in den »Passauer Neuen Nachrichten« vom 18.07.2012.

3 Franz Solms-Laubach: Droht Deutschland ein neuer linker Terror?, Bild.de, 20.07.2012.

setzte so ihren eigenen Akzent beim Extremismusproblem. Alles in allem ist der Bericht des Verfassungsschutzes, und da ist er exemplarisch für die Reaktion der politisch Verantwortlichen und der Ermittlungsbehörden, ein Dokument fehlender Bereitschaft zur Selbstkritik und ein Dokument, falls man es so nennen kann, »halber Aufklärung«.

Freilich sollte man das Kind nicht mit dem Bade ausschütten: Es ist schon richtig, wenn der Bericht feststellt: »In jedem Fall ist die radikale Fremdenfeindlichkeit der Szene als ideologische Basis der Terrorzelle anzusehen ... Ausgehend von einer Ideologie der Ungleichheit und einer Überbewertung ethnischer Zugehörigkeit erfahren Personen ›undeutscher Herkunft‹ eine Abwertung und Entmenschlichung. Dies ist der Nährboden für fremdenfeindliche Gewalt.«[1] Es ist auch richtig, wenn der Bericht weiter warnt: »Da Fremdenfeindlichkeit ein wesentliches Grundelement des Rechtsextremismus ist, sind Nachahmungstaten denkbar. Der unvermittelte[2] Angriff auf Menschen, die dem Feindbild der rechtsextremistischen Szene entsprechen, könnte von potentiellen Nachahmern als Strategie nach der vom NSU verwandten These ›Taten statt Worte‹ verstanden werden.«[3] Aber das alles ist nur die halbe Wahrheit, weil die Extremismusbeobachter für die ganz normale Fremdenfeindlichkeit in der Mitte weder Sinn noch Blick haben. Die meist jungen und meist wohl auch wirklich rechtsextremen Gewalttäter aber haben sich schon immer in ihren Taten auf die Worte und Urteile ihres Umfelds berufen, nach dem Motto: »Wir machen genau das, was ihr Alten an Stammtischen, an Kathe-

---

1 Bundesministerium des Innern: Verfassungsschutzbericht 2011, Berlin 2012, S. 64.

2 Was heißt eigentlich »unvermittelt«, wenn die Gewalttat sorgsam geplant und organisiert wird?

3 Bundesministerium des Innern: Verfassungsschutzbericht 2011, S. 64 f.

dern, Rednerpulten und am Familientisch sagt, aber nicht zu tun wagt.«[1] Es gibt kein harmloses fremdenfeindliches Vorurteil, das von einem gefährlichen, rechtsextremen zu unterscheiden wäre. Vor der Gewalt gegen andere Gruppen und Ethnien steht fast immer die Gewalt des Vorurteils, in bestimmen Phasen von politischen Gruppen auch offensiv, gleichwohl als Propaganda nicht immer leicht zu erkennen, in die Welt gesetzt, steht ein gesellschaftliches Klima, das dem Terror günstig ist.

Die Autoren des Verfassungsschutzberichtes, anonym wie ihre Quellen und die (wissenschaftlichen) Maßstäbe ihrer Urteilsbildung, bleiben Gefangene ihres eigenen Extremismusbegriffs. Kein Wort zum »Extremismus der Mitte«, zur ganz »normalen« Fremdenfeindlichkeit im Alltag, am Schreibtisch von Erfolgsautoren, in der Politik, in Behörden, natürlich auch in einem Inlandsgeheimdienst. Hier spricht sich der Verfassungsschutz – stellvertretend für viele – frei. Das ist eben allenfalls »halbe Aufklärung« und für eine Behörde, die sich den »Verfassungsschutz durch Aufklärung«[2] ausdrücklich auf die Fahnen geschrieben hat und dementsprechend auch vermehrt und offensiv als Akteur der politischen Bildung auftritt[3], keine gute Referenz. So misslingt Aufklärung im doppelten Sinne des Wortes: als pädagogische und als geheimdienstliche.

Als der Vorsitzende der Türkischen Gemeinde in Deutschland, Kenan Kolat, im Juli 2012 vom Misstrauen der türkischstämmi-

---

1   Dazu schon die Beispiele in: Klaus Ahlheim/Bardo Heger/Thomas Kuchinke: Argumente gegen den Haß. Über Vorurteile, Fremdenfeindlichkeit und Rechtsextremismus, Bd. 1, Bonn 1993, S. 142.

2   Bundesministerium des Innern: Verfassungsschutzbericht 2011, S. 23.

3   Vgl. dazu kritisch: Johannes Schillo: Zur staatlichen Formierung politischer Bildung. Verfassungsschutz und Extremismusforschung setzen die Eckdaten, in: Klaus Ahlheim/Johannes Schillo (Hrsg.): Politische Bildung zwischen Formierung und Aufklärung, Hannover 2012, S. 126-143.

gen Bevölkerung gegenüber den Sicherheitsorganen und einem »institutionellen Rassismus in den Behörden« sprach[1], rief er zum Teil heftige Reaktionen hervor. Nun kann man durchaus über den Begriff eines »institutionellen Rassismus« trefflich streiten, aber die Sache, die Kolat vorgetragen hat, ist kaum bestreitbar: Natürlich haben die unzähligen und jahrelangen Pannen der Ermittlungsbehörden, der Eifer, mit dem sie die türkischen (und das griechische) Opfer selbst kriminalisiert und die Mordtaten im Bereich der (wirtschaftlichen) »Ausländerkriminalität« angesiedelt haben – obwohl sie doch selbst von amerikanischen Kollegen auf das Motiv »Fremdenfeindlichkeit« hingewiesen wurden –, mit einem tiefsitzenden, kaum bewussten, weil eben auch weitverbreiteten Vorurteil der Handelnden (und eben nicht nur einzelner Handelnder) gegenüber den Fremden, den Anderen, den Türken zu tun, ob man das nun »institutionellen Rassismus« nennt oder nicht. Und natürlich haben sie auch zu tun mit einer politisch wie behördlich verbreiteten Unfähigkeit, die Schärfe und Bedrohlichkeit des Rechtsextremismusproblems überhaupt wahrzunehmen. Auch das ist letztlich nur zu erklären aus einer gewissen Nähe der Ermittler zu rechten und autoritären Politikmustern. Solche Politikmuster, ich werde darauf später noch ausführlich eingehen, sind in der gesamten Bevölkerung weit verbreitet, auch in der Polizei[2], dort aber mit unmittelbaren und bisweilen fatalen Folgen.

Im Dezember 2011, wenige Wochen nach dem Bekanntwerden der NSU-Morde, habe ich das Problem in einem Gespräch, das

---

1 Markus Decker: Die Wut der Migranten, mz-web.de (»Mitteldeutsche Zeitung«), 10.07.2012.

2 Vgl. Fremdenfeindlichkeit in der Polizei? Ergebnisse einer wissenschaftlichen Studie (Schriftenreihe der Polizei-Führungsakademie, Heft 1-2/1996), Münster 1996.

der Chefredakteur der »Thüringer Allgemeinen« Karl-Josef Raue
mit mir führte, diskutiert.

Wie fremdenfeindlich ist unsere Polizei?
Im Gespräch: Der Extremismus-Forscher Klaus Ahlheim

Herr Professor Ahlheim, Sie haben Erfahrungen in der Fortbildung der Polizei, und Sie haben ein großes Forschungsprojekt mit der Führungsakademie der Polizei durchgeführt.
Sind Sie überrascht, wie eng offenbar die Ermittler mit Rechtsextremen verbandelt sind?

Nein. Schon in den 90er-Jahren waren fremdenfeindliche und rechtsextremistische Vorkommnisse in der Polizei öffentlich geworden. Handfeste und überprüfbare Belege, wie anfällig die Polizei für rechtsextreme Orientierungen ist, lagen damals nicht vor, doch haben einige Wissenschaftler eine eher grundsätzliche Anfälligkeit der Polizeibeamten für rechtsextreme Einstellungen ausgemacht.

Wie überall in der Gesellschaft?

Das mag sein, aber rechtsextreme Orientierungen bei der Polizei sind ungleich bedenklicher und praktisch folgenreicher als in anderen Berufsgruppen. Das mag einen Teil der vielen Ermittlungs-Pannen im braunen Sumpf des grünen Thüringen durchaus erklären.

Wenn Sie schon vor zwanzig Jahren Fremdenfeindlichkeit bei Polizisten feststellen mussten, was hat die Polizeiführung und was haben Sie als begleitender Wissenschaftler für Konsequenzen gezogen?

»Fremdenfeindlichkeit und Polizei« wird seit dieser Zeit intensiv und stetig in der Aus- und Fortbildung der Polizei thematisiert. Wir haben schon vor Jahren sehr bewährte Unterrichtsmaterialien entwickelt für die politische Bildung der Polizei zum Thema

»Fremdenfeindlichkeit« und in verschiedenen Bundesländern erprobt und bewertet.

Auch in Thüringen?

Ja, am Anfang vor allem in Thüringen und Hessen, später dann auch in anderen Bundesländern. Wie der Unterricht der Polizei jetzt aktuell in Thüringen aussieht und ob das Thema wirklich noch eine angemessene Rolle spielt, kann ich nicht sagen.

Was genau veranstalten Sie mit Polizisten in einem Unterricht gegen Fremdenfeindlichkeit?

Unser sehr umfangreiches Unterrichtsmaterial – ich weiß, dass es in der Aus- und Fortbildung der Polizei durchaus noch genutzt wird – bemüht sich um eine Vielfalt an Methoden und konkreten Hinweisen für die Lehrenden.

Es gibt einer lange üblichen frontalen Einbahnstraßenpädagogik den Abschied, ohne auf Wissen und Wissensvermittlung zu verzichten.

Thematisiert werden etwa, immer mit deutlichem Bezug zum beruflichen Alltag der Polizistinnen und Polizisten: Die »Natur« des Vorurteils, Vorurteile und Medienöffentlichkeit, Vorurteile und Fremdenfeindlichkeit in der Mitte der Gesellschaft und natürlich Fremdenfeindlichkeit und Antisemitismus ganz rechtsaußen.

Sie sprechen von Fremdenfeindlichkeit. Wie kann man die überhaupt messen? Wann ist ein Bürger rechtsextrem?

Natürlich fragt die Forschung nicht einfach: »Sind Sie fremdenfeindlich oder nicht?« Sie fragt nach einem ganzen Bündel von Einstellungen in einer repräsentativen Gruppe.

Wir überprüfen unsere Fragen auch immer wieder. War noch vor drei Jahrzehnten die Frage nach dem Nationalstolz wesentlich zum Erkennen rechtsextremer Einstellungen, so kommt sie heute in vielen Befragungen und Untersuchungen gar nicht mehr vor – weil sie nicht mehr misst, was sie einst messen sollte.

Der Stolz, deutsch zu sein, ist nämlich längst mehrheitsfähig. Das ist einer der Gründe, weshalb wir zu Recht immer öfter von einem Extremismus der Mitte sprechen. Damit bezeichnen wir eine extreme, fremdenfeindliche und nationalstolze Einstellung, die weit über den rechten Rand hinausreicht.

Seit der Enttarnung der thüringischen Neonazi-Terroristen kommen auch wieder Vorwürfe gegen die Ostdeutschen hoch: Bei euch ist es besonders schlimm! Sind die Menschen im Osten wirklich fremdenfeindlicher?

Der den Rest der Republik entlastende reflexhafte Hinweis auf die besondere Fremdenfeindlichkeit im Osten und auf die dafür vermeintlich ursächliche DDR-Sozialisation ist mehr als zwanzig Jahre nach der Wende nicht mehr ernst zu nehmen.
Es stimmt zwar schon: In den letzten Jahren und noch immer, das zeigen auch unsere empirischen Untersuchungen, sind fremdenfeindliche Einstellungen im Osten der Republik stärker verbreitet als im Westen. Aber das sind nur graduelle Unterschiede.
Und wenn man dafür schon nach einer Erklärung sucht, muss man der Frage nachgehen, was es für die Generation der heute 20- bis 40-Jährigen heißt, dass vor gut zwanzig Jahren und von einem Tag auf den anderen fast alles, auch der Alltag, auch die Wert- und Erziehungsvorstellungen, anders wurde.
Das sind Brüche, die ganz offensichtlich nicht alle gut bewältigt haben.

Zurzeit gewinnt man den Eindruck: Alle Politiker, alle Bürger mögen die Fremden und verachten die Neonazis – jedenfalls ist nichts anderes zu hören.
Wo sind die Millionen geblieben, die beispielsweise Sarrazins Buch gekauft und gelesen haben?

Die öffentliche Distanzierung von den Neonazis und die öffentlich zur Schau gestellte Trauer haben etwas Abwehrendes, Rituelles, auch Unaufrichtiges!
Man kann die über Jahre verweigerte Trauer nicht mit großen Betroffenheits-Gesten nachholen. Man kann sich schämen, das macht man aber nicht öffentlich; und man kann im Sinne der Opfer die Aufklärung der Verbrechen und die Auseinandersetzung mit dem politisch-weltanschaulichen Hintergrund vorantreiben. Ob das wirklich geschehen wird, ist mehr als fraglich.

Und der Skandal bleibt ja, dass Sarrazins Buch so viele Käufer und Leser gefunden hat, aber auch Zustimmung in den Feuilletons, in Politik und Wissenschaft.

Und wie erklären Sie den großen Erfolg von Sarrazins Buch?

Sarrazin hat ein durch und durch nationalistisches Buch geschrieben. Er interessiert sich eigentlich nur für das Schicksal Deutschlands und der Deutschen, und fast die gesamte Kritik übersieht das. Diese deutschnationale Fixierung führt zur Wut gegen die Anderen, die Armen, die Türken und Muslime. Und damit hat er wohl einem großen Teil der Deutschen aus dem Herzen gesprochen. Das bleibt ein Problem. Sarrazin ist zumindest ein Symptomträger, vielleicht auch mehr.

Wenn Sie von einem großen Teil der Deutschen sprechen: Müssen wir Angst um unsere Gesellschaft haben?

Angst vielleicht noch nicht, aber Sorge. Und Sorge macht der Hintergrund des Untergrunds. Im Juli wurden Sarrazin und seine Thesen ja auf dramatische Weise aktuell: Sarrazins gescheiterter, eher tapsiger Auftritt bei den türkischen Bewohnern in Berlin-Kreuzberg wurde im Fernsehen zeitgleich gesendet mit den Wahnsinnsattentaten in Oslo.

Ein christlicher, rechter Fundamentalist hatte gemordet, voller Hass auf den Islam und den Marxismus (das Letztere ging in der deutschen Debatte schnell unter) – ein Täter, wie man verstört schrieb, aus der »Mitte der Gesellschaft«.

Wollen Sie damit Sarrazin eine Mitschuld an dem Massenmord in Norwegen geben?

Das ginge zu weit. Gleichwohl haben Sarrazin und seine Mitstreiter ein Klima befördert, das, um einen Satz Adornos abzuwandeln, »dem Äußersten günstig ist«. Das gilt natürlich erst recht für Deutschland, wo man die nationalistisch-fremdenfeindliche Bedrohung von rechts über Jahre nicht sehen wollte, klein geredet und damit dem wahnwitzigen rechtsextremen Terror den Weg bereitet hat.

»Thüringer Allgemeine« vom 04.12.2011, Beilage »Thüringen zum Sonntag«, S. 3.

Auch im Umgang mit den und in den Berichten über die Mordtaten Breiviks und den Prozess gegen ihn überwiegt eine Tendenz der Verharmlosung rechtsextremer Weltanschauung durch Entpolitisierung. Zum Jahrestag des Massakers von Utøya erinnern einige junge Sozialisten, hauptsächlich Mitglieder der Jusos und Falken, vor den Nordischen Botschaften an die Opfer. »Der Angriff auf die Genossen in Norwegen«, sagt einer von ihnen, »war ein Angriff auf uns alle, auf die Werte, an die wir glauben.« Er habe in den Monaten nach dem Attentat an vielen Workshops mit Leuten aus Norwegen teilgenommen, und dort habe man lange über die Berichterstattung der Medien diskutiert. Wie Breivik zum Einzeltäter und Verrückten gemacht worden ist – das sei unverantwortlich gewesen. Man dürfe den rechtsextremen Hintergrund nicht ausblenden. »Es entpolitisiert dieses Verbrechen. Und das darf nicht sein.«[1]

Natürlich war Breivik wie viele politisch motivierte Mörder vor ihm auch ein Wahnsinniger, möglicherweise – darüber wurde ja vor Gericht gestritten – auch im psychiatrischen Sinne. Aber das eine schließt das andere nicht aus, im Gegenteil: Breivik war auch ein Sozialistenhasser und Rassist, der vor der Eroberung und dem Untergang des christlichen Abendlandes durch die Muslime warnte und dessen umfangreiches Manifest[2] in einem Schluss gipfelt, der schon sprachlich an ähnlich verbreitete Denk- und Argumentationsmuster erinnert: »Europa schafft sich ab – wie wir unser Europa aufs Spiel setzen.«[3] Das hat Sarrazin im Blick auf Deutschland genau so formuliert, aber täuschen wir uns

---

1 Joanna Itzek: Gegen den Schmerz, taz.de, 22.7.2012.

2 Dazu ausführlich Manfred Henle: Aufklärung im Kampf gegen rechts, in: Journal für politische Bildung, Heft 2/2012, S. 56-66.

3 Ebd. S. 59.

nicht. »Diese Sorge«, urteilt Manfred Henle, »ist zwar eine des Rechtsradikalismus, erfunden haben sie aber weder Breivik noch Sarrazin noch die Neue Rechte, sondern ›nur‹ vorgefunden – und zwar mitten im nationalstaatlichen ›Wir‹ mit den vielfältigen Maßnahmen in Sachen Asyl-, Einwanderungs-, Staatsangehörigkeits-, Integrations- oder Grenzsicherungspolitik.«[1]

Wie allein schon eine »vorhandene Distanz gegenüber Ausländer(inne)n durch die öffentliche Debatte und die Passivität der Politik ... zu einem handlungsmächtigen Vorurteil aktualisiert werden kann«, beschrieb Hajo Funke bereits vor mehr als einem Jahrzehnt exemplarisch am Beispiel der pogromartigen Übergriffe in Rostock-Lichtenhagen im Jahr 1992. Sein Fazit klang schon damals beunruhigend: »Die Art und Weise einer zuspitzenden öffentlichen Thematisierung der Asylproblematik trug auf dem Hintergrund des damaligen Vorwahlkampfes zum ›Legitimationsgewinn‹ fremdenfeindlicher Einstellungen und zu Gewalttaten jugendlicher Täter bei. Der Asylstreit hat damit eine populistische und extreme Rechte, die vielfach gewalttätig ist, ein Stück weiter hoffähig gemacht und ihr ungeahnte Erfolgsgefühle vermittelt. Zugleich wurden rechte Inhalte und Themen von den etablierten Parteien übernommen.«[2]

Vor dem Hintergrund des skizzierten gesellschaftlichen Klimas hat es eine am Gedanken der Aufklärung orientierte kritische politische Bildung mehr als schwer, und es bewahrheitet sich einmal mehr: Politische Bildner brauchen eine besondere »Statur«,

---

1 Ebd.

2 Hajo Funke: Zusammenhänge zwischen rechter Gewalt, Einstellungen in der Bevölkerung sowie der Verantwortung von Öffentlichkeit und Politik, in: Christoph Butterwegge/Georg Lohmann (Hrsg.): Jugend, Rechtsextremismus und Gewalt. Analysen und Argumente, Opladen 2000, S. 61-80, hier S. 65 f.

sie bewegen sich stets am Rande der Verzweiflung und Resignation und halten doch – oft kontrafaktisch – voller Optimismus daran fest, dass sich Lehrende und Lernende den »Mut zur Erkenntnis«[1] nicht nehmen lassen. Dass es freilich schon des Mutes bedarf, liegt zumindest auch, aus didaktischer Sicht in besonderem Maße, an der Zähigkeit fremdenfeindlicher Vorurteile. Vorurteile erweisen sich als äußerst stabile »Lernbarriere«[2].

---

1 Klaus Ahlheim: Mut zur Erkenntnis. Über das Subjekt politischer Erwachsenenbildung. Erweiterte Neuausgabe, Schwalbach/Ts. 2008.

2 So schon früh, aber in der folgenden Debatte wenig beachtet: Willy Strzelewicz (Hrsg.): Das Vorurteil als Bildungsbarriere, Göttingen 1965.

Politische Psychologie des Vorurteils: Ethnozentrismus als Lernbarriere

Sir Peter Ustinov, weltbekannter britischer Schauspieler, Regisseur und Autor, Sonderbotschafter auch von UNESCO und UNICEF, gründete wenige Monate vor seinem Tod das Sir Peter Ustinov Institut in Wien, das sich heute als »internationales Kompetenzzentrum« versteht, um »die Ursachen für das Entstehen von Vorurteilen und Feindbildern und deren Einfluss auf Konflikte und menschliches Verhalten zu erforschen – mit dem Ziel, diese als Ursache von Armut, Diskriminierung und Konflikten zu überwinden«. »Vorurteile«, so schrieb Ustinov im August 2003 zur Gründung des Instituts, »sind der Ausgangspunkt vieler sich häufender Probleme in der Welt ... Man hüte sich davor, schale, abgestandene, überkommene Meinungen gedankenlos zu übernehmen.«[1] Vorurteile, das war für Ustinov klar, sind nicht nur individuelle Einstellungsmuster und Haltungen, sie entfalten auch eine zerstörerische politische Sprengkraft.[2]

In der Tat: Mit Vorurteilen wird auch Politik gemacht, an den Stammtischen und Kathedern, in den Redaktionsstuben und Plenarsälen, bei Sonntagspredigten und Wahlkämpfen. Vorurteile sind gewissermaßen der (verborgene) Grundstoff der Politik, dort, wo Herrschaft erlitten und ertragen, und da, wo Herrschaft ausgeübt und perpetuiert wird. Von dem im Alltag hilfreichen, gewissermaßen harmlosen Vor-Urteil, das dem einen nutzt, ohne

---

1 Homepage des Sir Peter Ustinov Instituts, Stand: November 2012.
2 Zur Vorurteilsproblematik insgesamt: Klaus Ahlheim (Hrsg.): Die Gewalt des Vorurteils. Eine Textsammlung, Schwalbach/Ts. 2007.

dem anderen wirklich zu schaden, ist jenes im politischen Leben höchst wirksame Vorurteil zu unterscheiden, das mit negativen, aggressiven, ja feindlichen Gefühlen anderen gegenüber verbunden ist, mit ablehnenden Einstellungen gegenüber einem Menschen oder einer bestimmten Menschengruppe, mit Antipathie, ja Feindseligkeit und Hass. Solches Vorurteil schafft sich seine eigene Feindwelt und macht zugleich eine als bedrohlich empfundene Wirklichkeit für den Vorurteilsvollen erträglicher, lenkt ab von den materiellen und politischen Ursachen eines krisenhaften Alltags. Denn Flucht in Fundamentalismus und Irrationalismus, in vorurteilsvollen Hass gegen das Andere und Fremde, in eine Weltsicht und Wirklichkeitswahrnehmung, die nur Schwarz und Weiß sieht und Nuancierungen und Differenzierungen ablehnt, begleitet die Zeiten gesellschaftlichen Umbruchs in besonderer Weise. Vorurteile sind der Stoff für Diskriminierungskampagnen und Sündenbockpraktiken, aus Vorurteilen werden Ideologien gezimmert und Geschichtslügen gemacht. Vorurteile befördern mit ihrer stets primitiven, im Grunde falschen, auf den ersten Blick aber eingängigen »Beweisführung« aggressive Ausgrenzungspraktiken, bisweilen gar regelrechte »Treibjagden auf Sündenböcke«[1], bereiten letztlich auch dem Pogrom den Weg.

Nicht zuletzt: Vorurteile sind auch Lernbarrieren. Vorurteilsvolles »Denken« und Handeln ist zunächst gänzlich immun gegenüber Tatsachen und Gegenargumenten. Vorurteile sind bequemes Nicht-denken-Müssen und Nicht-denken-Wollen in unbequemer Lage und Zeit. Ein Mensch mit vielen Vorurteilen ist ein Mensch mit dem sprichwörtlichen »Brett vor dem Kopf«, an dem Argumente erst einmal abprallen. Er wird zwar im Bedarfsfall einräu-

---

1 Vgl. Gordon W. Allport: Treibjagd auf Sündenböcke, Berlin/Bad Nauheim 1951.

men, dieser oder jener persönlich bekannte Ausländer sei durchaus ein anständiger Mensch, am prinzipiellen fremdenfeindlichen Vorurteil aber ändert solche vermeintliche Ausnahme nichts. Gordon W. Allport hat das bildhaft-treffend als »re-fencing«[1] bezeichnet, als »Wieder-Einzäunen«, nachdem einer durch die Lücke geschlüpft ist.

Die Zähigkeit des Vorurteils

Mr. X: Das Ärgerliche an den Juden ist, daß sie sich nur um ihre eigenen Leute kümmern.

Mr. Y: Aber die Spendenlisten der letzten Wohltätigkeitsveranstaltungen zeigen, daß sie im Verhältnis zu ihrer Anzahl sehr viel großzügiger für die Stadt gespendet haben als die Nichtjuden.

Mr. X: Das zeigt aber nur, daß sie immer wieder versuchen, sich in christliche Angelegenheiten einzuschmeicheln. Sie denken immer nur an Geld, deshalb sind auch so viele Juden Bankleute.

Mr. Y: Aber eine neuere Untersuchung hat ergeben, daß der Prozentsatz der Juden am Bankgeschäft zu vernachlässigen ist, auf jeden Fall viel kleiner als der Prozentsatz der Nichtjuden.

Mr. X: Da haben Sie es; sie vermeiden das solide Geschäft, sie bevorzugen das Filmgeschäft und unterhalten die Nachtclubs.

Gordon W. Allport: Die Natur des Vorurteils, Köln 1971, S. 27 f.

---

1 Gordon W. Allport: The Nature of Prejudice, Reading/Mass. 1954, S. 23; in der deutschen Fassung wird »re-fencing« weniger bildhaft mit »Abschirmungs-Technik« übersetzt (vgl. Gordon W. Allport: Die Natur des Vorurteils, Köln 1971, S. 37).

Gerade ökonomische und gesellschaftliche Umbruch- und Krisenzeiten, wie wir sie derzeit nicht nur in Europa erleben, sind schlechte Zeiten für gute Argumente, und pädagogische Intervention und Aufklärung tun sich schwer. Insbesondere dann, wenn zur gesellschaftlichen und individuellen Bewältigung der Krise, zur Veränderung der Verhältnisse gar, politisches Wissen und Handeln nötig wären, verweigern sich Einzelne und ganze Gruppen dem Erkenntnisprozess, der politischen Bildung zumal, weil Not, gesellschaftlicher Abstieg, soziale Deregulierung und damit verbundene Ohnmachtserfahrungen zwar, wie das alte Sprichwort sagt, vielleicht »beten lehren«, aber statt nüchterner Erkenntnis und dem Versuch, die Welt und die Verhältnisse zu durchschauen, eher das Gegenteil fördern: die Flucht ins Vorurteil und die Jagd auf Sündenböcke. Der Vorurteilsvolle aber und sein Vorurteil erweisen sich als aufklärungsresistent. Und der Vorteil des Vorurteils, sein Angebot zum bequemen Nicht-denken-Müssen in unbequemer Zeit, macht es allen Versuchen pädagogischer Intervention, macht es gerade aufklärender politischer Bildung schwer. Gegen lebensgeschichtlich erworbene Vorurteilsstrukturen und allseits parate Sündenbocktheorien und -mechanismen, die durch aktuelle Bedrohungsszenarien und Ohnmachtserfahrungen und -gefühle aktualisiert, bestärkt und scheinbar bestätigt werden, argumentiert politische Aufklärung zunächst vergeblich. Im Blick auf Vorurteile, fremdenfeindliche und antisemitische Einstellungen, die sich noch mit dem Schein des »Normalen« umgeben, ist pädagogische Bescheidenheit gefragt, eine Art pessimistischer Utopie, wie sie in Theodor W. Adornos vielzitiertem Satz aus seinem Vortrag über die »Erziehung nach Auschwitz« deutlich wird: »Wenn rationale Aufklärung auch – wie die Psychologie genau weiß – nicht geradeswegs die unbewußten Mechanismen auflöst, so kräftigt sie wenigstens im Vorbewußtsein gewisse Ge-

geninstanzen und hilft ein Klima bereiten, das dem Äußersten ungünstig ist.«[1]

Oskar Negt hat denn auch in seinem umfangreichen, stark biografisch geprägten, bilanzierenden Buch »Der politische Mensch«[2] dem politischen Lernen und der politischen Bildung einen zentralen Stellenwert zugesprochen (»Demokratie ist die einzige politisch verfasste Gesellschaftsordnung, die gelernt werden muss.«[3]) und dabei das Regiment des Vorurteils als das entscheidende Hindernis für den öffentlichen Gebrauch der Vernunft benannt. In einem Kapitel, überschrieben mit der vielfach zitierten und abgewandelten Sentenz Albert Einsteins »Es ist leichter, ein Atom zu zertrümmern als ein Vorurteil«[4], hält er unter anderem fest: »Für die politische Bildung ist ... die Beschäftigung mit Vorurteilen deshalb von besonderem Gewicht, weil sich in ihnen die härtesten Widerstände gegen Erfahrung und Wissen organisieren.«[5] Und Fremdenfeindlichkeit, so Negt weiter, sei in der Tat *das* aktuelle und politisch gravierende Vorurteil, mit dem man sich auseinandersetzen müsse.[6]

Ich selbst habe in den letzten Jahren verschiedene empirische und didaktische Arbeiten zum Thema »Vorurteil und Fremdenfeindlichkeit« vorgelegt. Ehe ich die Ergebnisse im Folgenden zusammenfassend referiere und einordne, muss ich noch auf ein erstaunliches Missverständnis eingehen, das immer wieder in der

---

1 Theodor W. Adorno: Erziehung nach Auschwitz, in: Theodor W. Adorno: Erziehung zur Mündigkeit, Frankfurt/M. 1971, S. 88-104, hier S. 103.
2 Oskar Negt: Der politische Mensch. Demokratie als Lebensform, Göttingen 2010.
3 Ebd. S. 13.
4 Ebd. S. 417 ff.
5 Ebd. S. 419.
6 Vgl. ebd. S. 424 f.

Literatur auftaucht und sich kritisch gegen (m)ein »Vorurteilskonzept« und seine vermeintlich antiaufklärerischen, entpolitisierenden, ja Rechtsextremisten exkulpierenden Implikationen wendet.

Schon in den zuerst 1993 erschienenen Arbeitshilfen »Argumente gegen den Haß. Über Vorurteile, Fremdenfeindlichkeit und Rechtsextremismus«, Produkt eines Projektes der Hessischen Landeszentrale und der Bundeszentrale für politische Bildung, haben wir auf Aufklärung *und* Selbstaufklärung gesetzt[1], aus guten didaktischen Gründen. Unsere »Bausteine für Lehrende in der politischen Bildung« sahen einen Dreischritt vor, um den Teilnehmenden Erkenntnis und Argumentation gegen Fremdenfeindlichkeit und Rechtsextremismus zu erleichtern. Ich zitiere aus der Einleitung: »In den ersten fünf Bausteinen ›*Vorurteil und Fremdenfeindlichkeit*‹ geht es ... stets auch um Selbstaufklärung, um die in einem langen Sozialisations- und Individuationsprozeß erworbenen Einstellungen, Denkmuster und Orientierungen, die vorurteilsfreies Handeln erschweren und die in gesellschaftlich zugespitzten, krisenhaften Situationen in Fremdenhaß und Gewalt umschlagen können. Die beiden folgenden Bausteine zum Themenkomplex ›*Republikaner und Rechtsextremismus*‹[2] machen exemplarisch deutlich, wie sich rechtsextreme Parteien und Pro-

---

1 Klaus Ahlheim/Bardo Heger/Thomas Kuchinke: Argumente gegen den Haß. Über Vorurteile, Fremdenfeindlichkeit und Rechtsextremismus (Arbeitshilfen für die politische Bildung), 2 Bde., Bonn 1993; vgl. auch die Seminar- und Unterrichtsmaterialien, die wir später, zunächst für die politische Bildungsarbeit in der Polizei, entwickelt haben: Klaus Ahlheim/Bardo Heger: Vorurteile und Fremdenfeindlichkeit. Handreichungen für die politische Bildung, Schwalbach/Ts. 1999; einen ähnlichen Ansatz hat dann auch Klaus-Peter Hufer verfolgt: Klaus-Peter Hufer: Argumentationstraining gegen Stammtischparolen. Materialien und Anleitungen für Bildungsarbeit und Selbstlernen, Schwalbach/Ts. 2000.

2 Die »Republikaner« waren damals gerade die erfolgreichste rechtsextreme Partei.

gramme, Gruppierungen und Ideologien – an die Erfahrungen der realen Krise jeweils bewußt oder unbewußt anknüpfend – tief verankerte Vorurteilsstrukturen in aggressiver, fremdenfeindlicher Weise zunutze machen und Haß und Gewalt den Boden bereiten. ›*Fakten gegen Vorurteile*‹ liefern schließlich die letzten beiden Bausteine (›*Zuflucht Deutschland?*‹ und ›*Die fremden Deutschen*‹) unter dem Titel ›*Realität und Probleme der Migration*‹. Informationen zur Weltflüchtlingsproblematik, zur Geschichte der Einwanderung in Deutschland, zur Lage von Asylbewerbern, Flüchtlingen, ›Gastarbeitern‹ und Aussiedlern stehen im Zentrum.«[1]

Es bleibt das Geheimnis von Rolf Gloël und Kathrin Gützlaff, warum sie in ihrem »Gegen Rechts argumentieren lernen« auch noch in der zweiten Auflage an dem kühnen Urteil festhalten, es gäbe Veröffentlichungen, die sich zwar des Themas Rechtsextremismus »explizit« annähmen, sich »dabei aber oftmals nur mit Teilaspekten« auseinandersetzten, »die zudem die Tendenz« hätten, »vom politischen Gehalt rechtsextremer Überzeugungen wegzuführen«, und ausgerechnet meine Arbeiten als Beleg dafür anführen. »Als ein Beispiel«, so schreiben sie forsch, »soll die Auseinandersetzung mit rechtsextremen Positionen unter dem Aspekt des ›Vorurteils‹ erwähnt werden. Dass diese Behandlung des Themas nicht unbedingt eine inhaltliche Kritik entsprechender Positionen erleichtert, tritt dann zutage, wenn Vorurteile nicht einfach inhaltlich geprüft und gegebenenfalls als falsch kritisiert und verworfen werden, vielmehr das Vorurteil als solches in seiner Funktion für die Orientierungs- und Handlungssicherheit einer Person gewürdigt wird«[2].

---

1   Klaus Ahlheim/Bardo Heger/Thomas Kuchinke: Argumente gegen den Haß, Bd. 1, S. 8.

2   Rolf Gloël/Kathrin Gützlaff: Gegen Rechts argumentieren lernen, 2. Aufl. Hamburg 2010, S. 12.

Ich fürchte, dass Uwe F. Findeisen bei diesem lektürefernen Urteil Pate gestanden hat. Findeisen nämlich hat 2005 in der »Praxis Politische Bildung« einen Beitrag veröffentlicht, der sich ebenfalls mit den »Fehlern der Vorurteilstheorie« auseinandersetzt, und dabei auf die »ausführlichere Auseinandersetzung mit dem einschlägigen Material« im damals bereits angekündigten Buch von Gloël und Gützlaff verwiesen.[1] Bei Findeisen findet sich schon derselbe Grundton der Kritik. »Ein Vorgehen, das Vorurteile aufklären will«, schreibt Findeisen, »müsste die Inhalte auf ihre Richtigkeit prüfen, falsche Aussagen widerlegen und sich bei demjenigen, der die Kritik nicht sofort versteht, eben alle Mühe geben, richtiges Wissen zu vermitteln. Die Vorurteilstheoretiker gehen anders vor. Sie halten die inhaltliche Kritik von Vorurteilen für eine untergeordnete Sache, da sie meinen, das Vorurteil hätte auch etwas Positives an sich.«[2]

Aber ich fürchte auch, dass ich dieses grandiose Missverständnis selber provoziert habe, weil ich ganz arglos an der einen oder anderen Stelle einleitend einen Horkheimer-Text zitiert habe, der, ordnet man ihn richtig ein, gewiss nicht falsch ist: »Ohne die Maschinerie der Vorurteile«, so hat Max Horkheimer es formuliert, »könnte einer nicht über die Straße gehen, geschweige denn einen Kunden bedienen. Nur muß er imstande sein, die Generalisierung einzuschränken, wenn er nicht unter die Räder kommen will. Jenseits des Kanals fahren Autos auf der linken Straßenseite, und hierzulande wechseln die Kunden in immer rascherem Tempo den Geschmack.«[3] Vorurteile gehören eben wie selbstver-

1 Uwe F. Findeisen: Von der Schwierigkeit, ausländerfeindliche Vorurteile aus der Welt zu schaffen, in: Praxis politische Bildung, Heft 4/2005, S. 266-274, hier S. 267.
2 Ebd. S. 268.
3 Max Horkheimer: Über das Vorurteil, in: »Frankfurter Allgemeine Zeitung« vom 20.05.1961.

ständlich zu unserem Alltag. Einstellungen, Einschätzungen und Orientierungsmuster, die *vor* jedem bedachten, wohl begründeten, gar ausgewogenen Urteil anzusiedeln sind und den Anspruch des Objektiven, theoretisch Geprüften gar nicht erfüllen können und sollen, sichern Routine und Reibungslosigkeit des Alltags. Unser Vor-Urteil, das wie selbstverständlich »funktioniert«, schließt bei persönlichen Begegnungen etwa oder beim Betrachten von (Fernseh-)Bildern von wenigen ausgewählten Details, von ins Auge fallenden Einzelheiten auf die gesamte Person. Solches Vor-Urteil wird nicht reflektiert. Es dient als Orientierungshilfe im Alltag. Vor-Urteile ermöglichen Routine-Handeln in einer komplizierten Umwelt, erleichtern alltägliche Entscheidungen, ohne dass jeweils erst eine »Denkpause« eingelegt, umständlich nachgedacht werden müsste.

In meinen empirischen und didaktischen Arbeiten ging es vor allem und immer um das historisch wie politisch fatale fremdenfeindliche (und antisemitische) Vorurteil, verbunden sehr oft mit nationalem Stolz und Wir-Gefühl, und um rationale Gegenargumente, um das Scheitern rationaler Aufklärung und um ihre Chance zugleich. Soviel Dialektik muss in der kritischen politischen Bildung schon sein.

Allerdings haben, das zur Ehrenrettung der zitierten Kritiker, schon die Autoren der Studien zum autoritären Charakter das Problem eines möglichen Missverständnisses durchaus gesehen. Das Vorurteil (prejudice) sei zwar, so die Autoren, ein »deutlich antidemokratisches Grundelement der sozialen Vorstellungswelt« und man müsse ihm deshalb, wolle man »das faschistisch-autoritäre Potential einer Gruppe erfassen«, alle Aufmerksamkeit zuwenden, doch zugleich sei der Begriff »Vorurteil« zu diesem Zweck nicht ganz geeignet: »Es besteht die Gefahr, daß seine zahlreichen Bedeutungen und *Nebenbedeutungen* das eigentliche

Motiv einer solchen Untersuchung aus dem Auge verlieren lassen oder verdunkeln. Vorzuziehen ist der Begriff ›Ethnozentrismus‹; denn die mit ihm verknüpfte Bedeutung ist für unsere Zwecke schlüssiger. Sumner hat ihn (1906) eingeführt[1] und seinen Geltungsbereich umschrieben; demnach hat der Begriff die allgemeine Bedeutung von kultureller Beschränktheit; er bezeichnet die Tendenz des Individuums, ›völkisch zentriert‹ zu sein, eine starre Bindung an alles das, was ihm kulturell primär gemäß ist, was seiner eigenen Haltung entspricht, und eine ebenso unelastisch abwehrende Reaktion gegen alles Fremdartige. Die üblich gewordene Bestimmung des Ethnozentrismus, wovon sich die hier angewandte ableitet, unterscheidet sich in einigen wichtigen Punkten von dem, was man gemeinhin unter ›Vorurteil‹ versteht: ein Gefühl der Abneigung gegen eine bestimmte Gruppe. Ethnozentrismus aber meint eine verhältnismäßig konstante mentale Struktur im Verhältnis zu ›Fremden‹ überhaupt.«[2]

Ich schlage vor – und bin dem faktisch in meinen jüngeren Arbeiten schon nachgekommen[3] –, die Empirie des fremdenfeindlichen Vorurteils mit der Analyse nationaler Fixierung und Beschränkung zu verbinden und dann dafür auch den Begriff des »Ethno-

---

1 »*Ethnocentrism*«, so Sumners Definition, »is the technical name for this view of things in which one's own group is the center of everything, and all others are scaled and rated with reference to it« (William Graham Sumner: Folkways. A Study of the Sociological Importance of Usages, Manners, Customs, Mores, and Morals, Boston/New York u. a. 1906, Nachdruck New York 2007, S. 13).

2 Theodor W. Adorno u. a., Der autoritäre Charakter. Studien über Autorität und Vorurteil, Bd. 1, Amsterdam 1968, S. 89.

3 Vgl. Klaus Ahlheim/Bardo Heger: Nation und Exklusion. Der Stolz der Deutschen und seine Nebenwirkungen, 2. Aufl., Schwalbach/Ts. 2010 und: Klaus Ahlheim: Sarrazin und der Extremismus der Mitte. Empirische Analysen und pädagogische Reflexionen, Hannover 2011.

zentrismus« zu benutzen, zumal in ihm, anders als im Rassismusbegriff[1], die kulturelle Prägung von Einstellungsmustern gut zum
Ausdruck kommt. Und nicht zuletzt wäre auch einem Bedenken
der Kritiker der »Vorurteils-Richtung«[2] Rechnung getragen: Die
Kritik des Nationalismus käme so, auch bei einer theoretischen
wie didaktisch-praktischen Orientierung an den Ergebnissen der
Vorurteilsforschung, gerade nicht zu kurz.

---

1 Zum Rassismusbegriff vgl. Detlev Claussen: Was heißt Rassismus?, Darmstadt 1994.
   In der politischen Diskussion erlebe ich immer wieder, dass gerade die »Ak-
   tivisten gegen rechts« mit einer gewissen Hartnäckigkeit am Begriff des Rassismus festhalten, weil er für sie offenbar von besonderer politischer Eindeu-
   tigkeit ist, und dass manche gar da, wo etwa »nur« von Fremdenfeindlichkeit
   die Rede ist, politische Verharmlosung und Vernebelung, zumindest aber politische Begriffsschwäche vermuten. Aber je entschlossener man den Rassismusbegriff als politische Kampfparole verwendet, desto mehr verliert er an
   analytischer Klarheit. Im August 2012 beispielsweise, der fremdenfeindliche
   Terror von Rostock-Lichtenhagen jährt sich zum zwanzigsten Mal, erklärt
   der Rechtsextremismusexperte David Begrich am Ende eines klugen und
   durchaus lesenswerten »taz«-Interviews zunächst mit einem gewissen Recht:
   »Wir hören in der Debatte um 20 Jahre Lichtenhagen gerade doch wieder die
   alten Argumentationsfiguren: Schuld waren die gesellschaftlichen Umbrüche,
   die Wendewirren, die Arbeitslosigkeit.« Und Begrich fährt dann fort: »Diese
   ganzen Verharmlosungen kann man mit dem Wort Rassismus beiseiteschie-
   ben.« Wenn das so leicht wäre. Gewiss drohen allenthalben in der Rechtsex-
   tremismusdebatte Verharmloser und Verharmlosung – in Begrichs Aufzäh-
   lung fehlt noch der schon klassische Hinweis auf die vermeintlich pogrom-
   auslösenden Alkoholexzesse –, wer aber selbst rassistisches Denken ablehnt
   und bekämpft, kann ja wohl kaum davon ausgehen, dass ein Mensch schon
   als Rassist geboren wird. Er muss also fragen, warum, wie, aus welchen (auch
   ganz und gar schlechten) Gründen jemand Rassist wird, wurde und bleibt
   und wie man dem entgegenarbeiten kann. Das ist alles andere als Verharmlosung, das hat aber viel mit pädagogisch-politischer Verantwortung zu tun.
   (Wolf Schmidt: »Mahner wurden nicht gehört«, Interview mit David Begrich,
   taz.de, 24.08.2012)

2 So beispielsweise Uwe F. Findeisen: Von der Schwierigkeit, ausländerfeindliche Vorurteile aus der Welt zu schaffen, S. 273 f.

Die ganz normale Fremdenfeindlichkeit und ihre aktuellen Ursachen

Die Empirie fremdenfeindlicher Vorurteile ist schnell »erzählt«. Das Phänomen ist empirisch gut erforscht, und die Ergebnisse verschiedener Studien Wilhelm Heitmeyers und seiner Forschungsgruppe und der Friedrich-Ebert-Stiftung sind wie unsere eigenen Studien seit Ende der 1990er Jahre ebenso stabil wie alarmierend: Fremdenfeindliche Einstellungen sind in der Mitte der Gesellschaft, unter »ganz normalen Menschen« und nicht nur am rechten Rand weit verbreitet. So meinten in der letzten Erhebung zur »gruppenbezogenen Menschenfeindlichkeit« im Jahr 2011 fast die Hälfte der Befragten (47 Prozent), es lebten »zu viele Ausländer in Deutschland« und ein knappes Drittel (29 Prozent) stimmten der Aussage zu, wenn »Arbeitsplätze knapp werden«, solle man »die in Deutschland lebenden Ausländer wieder in ihre Heimat zurückschicken«[1]. Oliver Decker u. a. fanden in ihrer jüngsten Studie bei 25 Prozent der Deutschen ausländerfeindliche Einstellungen.[2] Und nach unserer Analyse der ALLBUS-Daten von 2006[3], auf die ich im Folgenden noch genauer eingehe, konnten 18 Prozent der Befragten als »deutlich« und 7 Prozent sogar als »stark« fremdenfeindlich eingestuft werden.

---

1 Wilhelm Heitmeyer: *Gruppenbezogene Menschenfeindlichkeit* (GMF) in einem entsicherten Jahrzehnt, in: Wilhelm Heitmeyer (Hrsg.): Deutsche Zustände. Folge 10, Berlin 2012, S. 15-41, hier S. 38.

2 Oliver Decker/Johannes Kiess/Elmar Brähler: Die Mitte im Umbruch. Rechtsextreme Einstellungen in Deutschland 2012, hrsg. von der Friedrich-Ebert-Stiftung, Bonn 2012, S. 39.

3 Klaus Ahlheim/Bardo Heger: Nation und Exklusion. Der Stolz der Deutschen und seine Nebenwirkungen, 2. Aufl., Schwalbach/Ts. 2010.

Nimmt man beide Gruppen zusammen, zeigt also auch in dieser Erhebung ein Viertel der Deutschen ein bedenkliches Maß an Fremdenfeindlichkeit.[1]

Es wird in allen Studien deutlich: Fremdenfeindliche Einstellungen sind kein Problem der extremen Rechten. Es gibt eine Vielzahl von Motiven für fremdenfeindliche Orientierungen und es gibt eine Vielzahl von Gruppen, die für fremdenfeindliche Vorurteile anfällig sind. Die »Partei« der Fremdenfeinde ist gewissermaßen eine große Volkspartei, in der sich alle Gruppierungen, alle Glaubensrichtungen, alle Parteien, auch manche Gewerkschafter[2] wiederfinden.

Wir selbst haben in unseren Studien eine Fremdenfeindlichkeitsskala entwickelt, die sich als Messinstrument bewährt hat. Und wir haben zuletzt die im Abstand von zehn Jahren erhobenen Antworten anhand der ALLBUS-Daten[3] von 1996 und 2006 verglichen und feststellen können, dass sich bei den meisten Items nur geringe Unterschiede ergaben, wobei die Zustimmungsquoten häufiger ab- als zugenommen haben. Die fremdenfeindlichen Denk- und Orientierungsmuster hierzulande erweisen sich also als recht »stabil«, bei insgesamt leicht rückläufiger Tendenz. Interessant ist freilich, dass der Vergleich zwischen den

---

1 Vgl. Klaus Ahlheim: Sarrazin und der Extremismus der Mitte. Empirische Analysen und pädagogische Reflexionen, Hannover 2011, S. 25.

2 Vgl. dazu Bodo Zeuner u. a.: Gewerkschaften und Rechtsextremismus. Anregungen für die Bildungsarbeit und politische Selbstverständigung der deutschen Gewerkschaften, Münster 2007.

3 Die »Allgemeine Bevölkerungsumfrage der Sozialwissenschaften« (ALLBUS) erhebt seit 1980 aktuelle Daten über Einstellungen, Verhaltensweisen und Sozialstruktur der Bevölkerung in der Bundesrepublik Deutschland. In der Regel alle zwei Jahre wird ein repräsentativer Querschnitt der Bevölkerung mit einem teils konstanten, teils variablen Fragenprogramm befragt. Die Daten stehen allen Interessenten für Forschung und Lehre zur Verfügung.

Tabelle 2

Fremdenfeindlichkeit in Deutschland

	Zustimmung in %	
	1996	2006
Die in Deutschland lebenden Ausländer sollten ihren Lebensstil ein bisschen besser an den der Deutschen anpassen.	60	80
Wenn Arbeitsplätze knapp werden, sollte man die in Deutschland lebenden Ausländer wieder in ihre Heimat zurückschicken.	28	23
Man sollte den in Deutschland lebenden Ausländern jede politische Betätigung in Deutschland untersagen.	36	28
Die in Deutschland lebenden Ausländer sollten sich ihre Ehepartner unter ihren eigenen Landsleuten auswählen.	22	16
Der Zuzug von Asylsuchenden soll völlig unterbunden werden.	16	11
Der Zuzug von Arbeitnehmern aus der Europäischen Union (EU-Staaten) soll völlig unterbunden werden.	33	25
Der Zuzug von Arbeitnehmern aus Nicht-EU-Staaten, z. B. Türken, soll völlig unterbunden werden.	31	48
Durch die vielen Ausländer in Deutschland fühlt man sich zunehmend als Fremder im eigenen Land.	29	34
Die in Deutschland lebenden Ausländer sind eine Belastung für das soziale Netz.	40	39
Ihre Anwesenheit in Deutschland führt zu Problemen auf dem Wohnungsmarkt.	45	14
Sie nehmen den Deutschen Arbeitsplätze weg.	34	27
Sie begehen häufiger Straftaten als die Deutschen.	39	45
Ich finde es in Ordnung, wenn Eltern ihrer 17-jährigen Tochter die Freundschaft mit einem türkischen Jugendlichen verbieten.	32	33
Ich finde es in Ordnung, wenn ein Unternehmer, der Personal abbauen muss, zuerst die ausländischen Arbeitnehmer entlässt.	26	21
Ein Asylbewerber wäre mir als Nachbar unangenehm.	47	47
Ein Türke wäre mir als Nachbar unangenehm.	34	39

Datenbasis: ALLBUS 1996 und 2006

Antworten von 1996 und 2006 eine gewisse Verschiebung im »Charakter« fremdenfeindlicher Einstellungen signalisiert. Aggressive Ausgrenzungs- und Abwehrwünsche gegenüber Asylbewerbern und Flüchtlingen haben leicht abgenommen, wohl auch weil die »Festung Europa« insgesamt kaum noch Immigration zulässt. Forderungen nach stärkerer Integration, nach Anpassung der hier lebenden Familien haben dagegen zugenommen. Im Grunde spiegeln solche Veränderungen in den Zustimmungen zu fremdenfeindlichen Aussagen – ganz materialistisch – politische Realität ebenso wider wie die Veränderung des politisch-kulturellen Klimas, das aus verschiedenen Gründen Anpassungsleistungen der Eingewanderten besonders groß schreibt.

Besonders deutlich wird das in der Trendanalyse der sogenannten Gastarbeiter-Items, die in den ALLBUS-Umfragen schon seit 1980 zunächst zur Diskriminierungsbereitschaft gegenüber »Gastarbeitern«, dann gegenüber »Ausländern«[1] erhoben werden. Betrachtet man nun die Entwicklung der Antworten in Westdeutschland bis 2010 (Abbildung 3), dann wird der Befund noch bis in die jüngste Zeit bestätigt: Bei drei der vier »Gastarbeiter«-Items zur Messung von Fremden- bzw. Ausländerfeindlichkeit gibt es einen leichten, aber kontinuierlichen Rückgang. Die Zustimmung aber zu dem Item »Die in Deutschland lebenden Ausländer sollten ihren Lebensstil ein bisschen besser an den der Deutschen anpassen« steigt von 1994 bis

---

[1] Anfang der 1990er Jahre, jetzt wurde die Befragung auch auf die neuen Bundesländer ausgedehnt, ersetzte man, den aktuellen Entwicklungen entsprechend, den Begriff »Gastarbeiter« durch »die in Deutschland lebenden Ausländer«, wobei mit Ausländern die Personengruppen gemeint waren, die als Ausländer *wahrgenommen* werden. Man hatte damit (wieder), wie Thomas Blank und Stefan Schwarzer belegen konnten, ein »sehr reliables und valides Instrument zur Messung einer allgemeinen Diskriminierungstendenz gegenüber Fremdgruppen« gefunden. (Thomas Blank/Stefan Schwarzer: Ist die Gastarbeiterskala noch zeitgemäß? Die Reformulierung einer ALLBUS-Skala, in: ZUMA-Nachrichten 34, Mai 1994, S. 97-115, hier S. 97).

Abbildung 3

Entwicklung fremdenfeindlicher Einstellungen seit 1980
– Deutschland West –

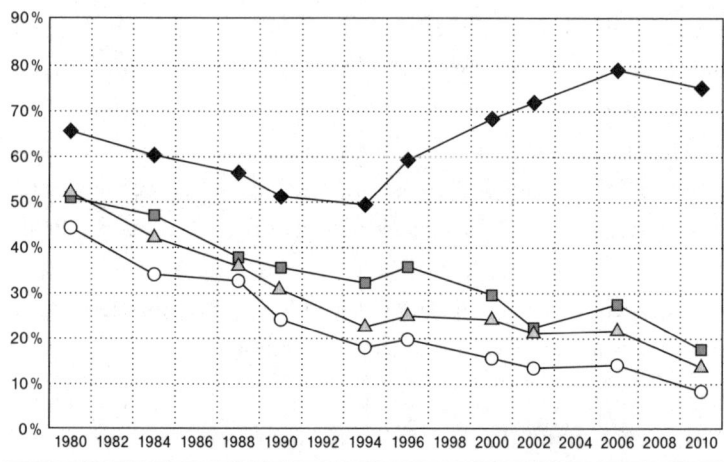

--◆-- Die in Deutschland lebenden Ausländer sollten ihren Lebensstil ein bißchen besser
an den der Deutschen anpassen.

--■-- Man sollte den in Deutschland lebenden Ausländern jede politische Betätigung in
Deutschland untersagen.

--△-- Wenn Arbeitsplätze knapp werden, sollte man die in Deutschland lebenden Ausländer wieder in ihre Heimat zurückschicken.

--○-- Die in Deutschland lebenden Ausländer sollten sich ihre Ehepartner unter ihren
eigenen Landsleuten auswählen.

Datenbasis: ALLBUS 1980-2010

2006 signifikant und ebenso kontinuierlich an und bleibt dann
nach einem ganz leichten Rückgang auf exorbitant hohem Niveau. Im Osten zeigt sich seit 1994, bei insgesamt höheren Zustimmungsquoten, eine ganz ähnliche Entwicklung (vgl. Abbildung 4).

Je mehr nun aber die Anpassungsforderung an die Migranten und
Personen mit Migrationshintergrund zunimmt und Anhänger und
Zustimmung findet, desto deutlicher tritt das Problem der Reli-
gion, des Islam, in den Vordergrund fremdenfeindlicher Agitation

Abbildung 4

Entwicklung fremdenfeindlicher Einstellungen seit 1994
– Deutschland Ost –

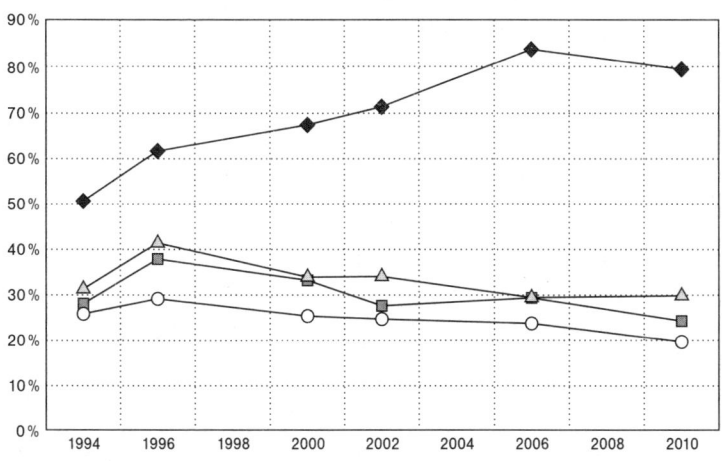

─◆─ Die in Deutschland lebenden Ausländer sollten ihren Lebensstil ein bißchen besser an den der Deutschen anpassen.

─△─ Wenn Arbeitsplätze knapp werden, sollte man die in Deutschland lebenden Ausländer wieder in ihre Heimat zurückschicken.

─■─ Man sollte den in Deutschland lebenden Ausländern jede politische Betätigung in Deutschland untersagen.

─○─ Die in Deutschland lebenden Ausländer sollten sich ihre Ehepartner unter ihren eigenen Landsleuten auswählen.

Datenbasis: ALLBUS 1994-2010

und Denkweisen, weil die Migranten, allen möglichen anderen Anpassungsleistungen zum Trotz, gerade da, wo es um das identitätsstiftende und biografisch und kulturell tief verankerte Moment der Religion geht, sich nur schwer anpassen können und wollen. Das ist einer der Gründe, der »innenpolitische« gewissermaßen, warum das Ressentiment gegen die »ausländischen« Türken, ganz und gar nicht neu, aber nicht zuletzt von Thilo Sarrazin neu belebt, sich im aktuellen Vorurteil vor allem am Islam, an Moscheen und religiösen Traditionen und Bräuchen festmacht.

Abbildung 5

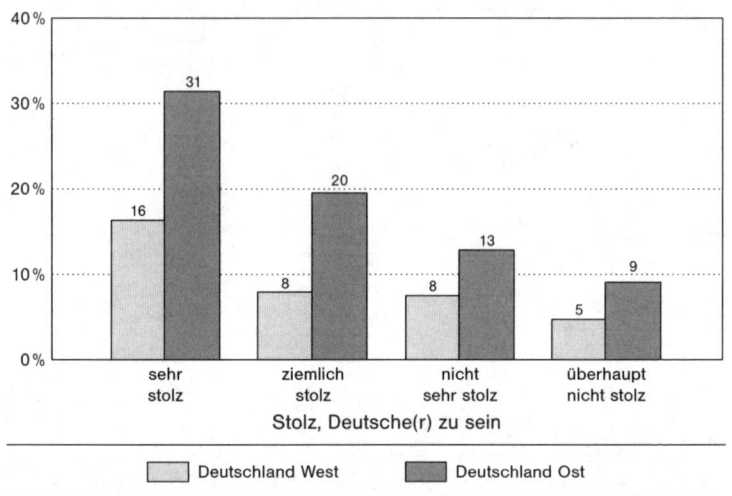

Fremdenfeindlichkeit und Nationalstolz

Anteil der Befragten, die mindestens drei der vier Aussagen zustimmen

Stolz, Deutsche(r) zu sein

Deutschland West   Deutschland Ost

Datenbasis: ALLBUS 2010

Nachdenklich macht schließlich noch ein weiteres Ergebnis: Es gibt einen signifikanten Zusammenhang von fremdenfeindlichen Einstellungen und jenem von Politik und Öffentlichkeit vielfach gepriesenen neuen, wiedererwachten Stolz der Deutschen, deutsch zu sein, ein Zusammenhang, der auch für Sarrazin zentral ist, aber erstaunlicherweise in den aktuellen empirischen Untersuchungen nicht thematisiert wird. Auch das lässt sich mit den ALLBUS-Daten von 2010 gut belegen (vgl. Abbildung 5): Die vom neuen Stolz der Deutschen, deutsch zu sein, erfüllten Personen zeigen eine deutlich höhere Bereitschaft, den ausländerdiskriminierenden Aussagen zuzustimmen.

Nationalstolz, so kann man empirisch gesichert feststellen, geht sehr oft mit Fremdenfeindlichkeit einher, ist ihr zumindest förderlich. Die Betonung des Nationalen, die Überbetonung zumal, ist ohne Exklusion, ohne Ausschluss der Anderen nicht zu haben, sie impliziert stets auch Abgrenzung, ist für Exklusion allemal empfänglich.[1] Und genau das macht eine ethnozentristische Einstellung aus.

Sarrazin und seine publizistischen Helfer bedienen die verbreitete vorurteilsvolle, fremdenfeindliche Grundstimmung und schaffen sie zugleich. Ethnozentristische Einstellungen, die Ethnisierung politisch-sozialer Konflikte sind nämlich nicht nur willkommen, sie sind auch gewollt und von den Gewinnern des ökonomischen Umwälzungsprozesses, den »Herrschenden«, der politischen Klasse inszeniert, sie werden gemacht und in regelrechten Kampagnen forciert und benutzt, um – das ist, wenn man so will, das »hidden curriculum« jeder migrations- und fremdenfeindlichen Publikation, Agitation und Propaganda – von den eigentlichen Ursachen der politischen Misere, der öffentlichen Armut, des Sozialabbaus, um von ökologischen und militärischen Risiken aktueller Politik abzulenken und den Abgelenkten zugleich wohlfeile »Sündenböcke« anzubieten. Und Intellektuelle, Kopfberufler wie Sarrazin – selbst wohl auch, freilich anders als die Massen, verunsichert von den ganz und gar unübersichtlichen Folgen eines globalisierten Kapitalismus – liefern dieser Strategie dann, über »Bild« und andere staatstragende Medien, Material und Stimme.

Das gelingt so gut, weil die Verschleierungspropagandisten mit ihrem eigenen ethnozentristischen Weltbild passgenau an eben die weitverbreiteten mentalen Vorurteilsstrukturen und ganz aktuellen Ängste in der Bevölkerung anknüpfen können, um sie wiederum zu instrumentalisieren. Denn vorurteilsvolle Ethnisie-

---

1 Dazu ausführlich: Klaus Ahlheim/Bardo Heger: Nation und Exklusion, insbesondere S. 51 ff.

rung ist auch eine fatale, aber erklärbare Abwehrreaktion, ein Kompensationsversuch der »Beherrschten«, der ganz normalen Leute, der von den Wirkungen des Globalisierungsprozesses Irritierten, Betroffenen, Gebeutelten, denen allenthalben sozialer Abstieg, prekäre Arbeitsverhältnisse und Arbeitslosigkeit drohen. Gerade Sarrazin, so die sozialpolitische Sprecherin der »LINKEN«, Katja Kipping, habe eine Grundeinstellung bedient, die nach dem Motto funktioniere: »Suche die Schuld für Dein Elend nicht bei den Schuldigen, sondern bei denen, die Dein Elend teilen – und deshalb aus demselben Topf wie Du beköstigt werden.«[1] Betroffen sind aber längst schon auch die Noch-Gewinner in der nach neoliberalem Rezept formierten Arbeitswelt.

Im April 2012 gelangt ein Dokumentarfilm mit dem Titel »Work Hard, Play Hard« in einige Kinos. Er zeigt die schöne neue Arbeitswelt. »In den lichtdurchfluteten Glaspalästen«, schreibt Martina Knoben in einer Filmbesprechung, »zwischen schicken Sitzgruppen und Kuschelfarben lauert ein totalitärer Anspruch an die Mitarbeiter, auch wenn die Ausbeutung subtiler geworden ist ... Der moderne Arbeitnehmer braucht keine Stechuhr mehr, er arbeitet ›taskorientiert‹. Er benötigt auch kein Büro mehr, nicht mal einen eigenen Schreibtisch, seinen Laptop kann er schließlich überall aufklappen. Was der moderne Arbeitnehmer braucht, ist die richtige Einstellung. Wenn er ›im Flow‹ ist, also in seiner Arbeit aufgeht, sich mit der Firma und seiner Aufgabe identifiziert, dann macht ihm die Arbeit im besten Fall so viel Spaß, dass er gar nicht mehr damit aufhört.«[2]

Der Zugriff auf das Subjekt, das ist wohl die gravierendste Veränderung der letzten Jahre, hat sich »perfektioniert«, scheint fast

---

1 Vgl. Christoph Ruf: Wie groß Sarrazins Basis wirklich ist, Spiegel Online, 13.10.2010.

2 Martina Knoben: Für immer im Flow, Süddeutsche.de, 13.04.2012.

total. Subjektorientierung erweist sich längst als instrumentalisierbar, Selbstverwirklichung wird verkehrt in ihr Gegenteil, wird zur Forderung, zum Zwang, auch zum Zwang lebenslangen Lernens. Der (pädagogische) Fortschritt – und die Erwachsenen- bzw. Weiterbildung ist in der Tat eine besonders »fortschrittliche«, besser: fortgeschrittene Disziplin mit verhängnisvollem Drang zu betriebswirtschaftlicher Logik und Rationalität – birgt so die Gefahr neuer Unfreiheit in sich, ohne dass sich solche Unfreiheit leicht zu erkennen gäbe. Herrschaft, politische und ökonomische Macht verstecken sich hinter subjektfreundlichen Aneignungsstrategien und werden so ebenso unkenntlich wie unangreifbar. Die Disziplin der Erwachsenenbildung, an den Universitäten allemal, aber auch in den Hauptfeldern zumindest des betrieblichen Weiterbildungsalltags, weiß sich längst einer affirmativen Sozialtechnik verpflichtet, vermeidet Gesellschaftskritik und unterstützt, was ist. Der hehre Anspruch, mit der Vermittlung von Schlüsselqualifikationen die Persönlichkeit zur Entfaltung kommen zu lassen, schlägt allzu leicht um in bloße Sozialtechnik, die das Individuum ganz und gar funktionalisiert und die grobe Zurichtung für das, was ist, durch subtile Anpassung ersetzt und fast unmerklich Hierarchie und Herrschaft im Subjekt verankert.

Am Ende bleibt kaum einer ungeschoren, auch nicht die Modernisierungsgewinner: Die »allgegenwärtige Erwartung von eigenverantwortlicher, authentischer Selbstverwirklichung«, das authentische, zur Produktivkraft gewordene Selbst, diagnostiziert der französische Soziologe Alain Ehrenberg, endet in Erschöpfung und Depression, in psychischer Krankheit und Sucht.[1] »Die Seele kann nicht mehr«, so hat es eine Ehrenberg-Rezensentin schön zusam-

---

1 Alain Ehrenberg: Das erschöpfte Selbst. Depression und Gesellschaft in der Gegenwart, Frankfurt/M. 2004.

mengefasst.[1] Richard Sennett hat in seiner Analyse des weltweit siegreichen neoliberalen Kapitalismus den Akzent etwas anders gesetzt und die sozialen und psychischen Folgen solcher permanenten »Zumutungen« und Anforderungen an das Subjekt als »The Corrosion of Character«[2] bezeichnet: Die »Ungewißheiten der Flexibilität; das Fehlen von Vertrauen und Verpflichtung; die Oberflächlichkeit des Teamworks; und vor allem die allgegenwärtige Drohung, ins Nichts zu fallen«, das macht, so Sennett, »die emotionalen Bedingungen modernen Arbeitens«[3] aus. Das so überforderte Individuum reagiert darauf u. a. mit einer überstarken Betonung des Nahen, des Lebensortes, des »Wir«. Aber: »Die Sehnsucht nach Gemeinschaft ist defensiv, sie drückt sich oft in der Ablehnung von Immigranten oder anderer Außenseiter aus – die wichtigste Architektur der Gemeinschaft ist die Mauer gegen eine feindliche Wirtschaftsordnung. Es ist eingestandenermaßen fast ein universelles Gesetz, daß das ›Wir‹ als Abwehr gegen Verwirrung und Entwurzelung gebraucht wird.«[4] Die Ethnisierung von politisch-sozialen Konflikten als Abwehrreaktion und Versuch der Selbststabilisierung von Einzelnen und Gruppen, als »Verweigerung gegenüber den Zumutungen einer an den Bedingungen des modernen Kapitalismus ausgerichteten Lebensführung«[5]

---

1 Elisabeth von Thadden: Der Souverän dankt ab. Die Seele kann nicht mehr. Der Soziologe Alain Ehrenberg analysiert, wie im 20. Jahrhundert die Erschöpfung zur Massenerkrankung wurde, in: »Die Zeit«, Nr. 42 vom 07.10. 2004, S. 75.

2 Richard Sennett: The Corrosion of Character. The Personal Consequences of Work in the New Capitalism, New York 1998; deutsch: Der flexible Mensch. Die Kultur des neuen Kapitalismus, 3. Aufl., Berlin 1998.

3 Ebd. S. 189 f.

4 Ebd. S. 190.

5 Albert Scherr: Ethnisierung als Ressource und Praxis, in: Prokla. Zeitschrift für kritische Sozialwissenschaft, Nr. 120, Heft 3/2000, S. 399-414, hier S. 412.

ist eine der gravierenden Folgen. Das, was wir hierzulande an Rechtsextremismus und Ausländerfeindlichkeit erleben, ist nicht zuletzt eine Folge der »Durchökonomisierung« der Gesellschaft im Rahmen der sogenannten Globalisierung. Fremdenfeindliches Denken und Handeln hat – ohne dass es damit schon hinreichend erklärt wäre – auch einen sozialen, ökonomischen Hintergrund, oft gar handelt es sich um »ethnisch maskierte« gesellschaftliche Konflikte. Das von den »Segnungen« des neoliberalen Kapitalismus und den Folgen der Globalisierung überforderte Individuum schlägt (im Sinne des Wortes auch) zurück – und trifft den Falschen.

Es gibt also viele Ursachen für fremdenfeindliche, ethnozentristische Einstellungen, ökonomische, gesellschaftliche, politische und auch ganz individuell-psychische. Die Anerkennung dieser letzten Dimension hat freilich mit subjektivistischer Entpolitisierung, wie man oft lesen und in Diskussionen hören kann, ganz und gar nichts zu tun, ist aber für jede Pädagogik zentral.

Erziehung und politische Bildung
»gegen rechts«

Pädagogik, auch politische Bildung (das ist eigentlich eine Platti-
tüde, die man gar nicht erwähnen müsste), hat es im Lehr-Lern-
prozess natürlich mit den Sachen, den Dingen, den Lerngegen-
ständen zu tun, die es aufzuklären, also zu erhellen gilt, aber all das
gewinnt ja (nicht weniger selbstverständlich) nur didaktische Re-
levanz im Blick auf den Souverän des Lernens, das lernende Subjekt.[1] Und dieses Subjekt, manchmal voller Lernlust[2], oft voller
Lernfrust, ja -unwilligkeit, ist immer schon ein von Macht- und
Ohnmachtserfahrungen tief geprägtes Subjekt; die gesellschaftliche Realität hat in seinem Innersten ihre Spuren hinterlassen.

»Das Bedürfnis, Leiden beredt werden zu lassen«, schrieb Adorno
1966 in seiner »Negativen Dialektik«, »ist Bedingung aller Wahrheit. Denn Leiden ist Objektivität, die auf dem Subjekt lastet; was
es als sein Subjektivstes erfährt, sein Ausdruck, ist objektiv vermittelt.«[3] Alfred Lorenzer hat das Verhältnis von Gesellschaft und
Subjekt(innerem) 15 Jahre später und in einem anderen Kontext
so bestimmt: »Tatsächlich gibt es keine Trieb*natur* unabhängig
von der gesellschaftlichen Formbildung. Der reale Trieb im Individuum ist gesellschaftliches ›Produkt‹, er ist Resultat einer Dialektik von Natur *und* Gesellschaft, hervorgebracht in unzähligen
Schritten eines ›wirklichen‹ Interagierens, das sich in ›bestimmten

---

1 Dazu ausführlich: Klaus Ahlheim: Mut zur Erkenntnis. Über das Subjekt politischer Erwachsenenbildung, erweiterte Neuausgabe, Schwalbach/Ts. 2008.
2 Vgl. dazu: Peter Faulstich/Mechthild Bayer (Hrsg.): LernLust. Hunger nach
   Wissen, lustvolle Weiterbildung, Hamburg 2012.
3 Theodor W. Adorno: Negative Dialektik, in: Gesammelte Schriften, Bd. 6,
   Frankfurt/M. 1973, S. 7-412, hier S. 29.

Interaktionsformen« niederschlägt.«[1] Und Lilli Gast hat jüngst resümiert, das »vorgesellschaftliche Individuum« gebe es nicht. »Das bedeutet«, so Gast, »dass Kulturalität und Gesellschaftlichkeit entgegen der vorpsychoanalytischen Konzeptualisierungen nicht etwa zur Subjektivität hinzutreten, sondern dass Subjektivität immer schon durchdrungen ist von Kulturellem, dass Gesellschaftliches integral und unvordenklich in die Architektur des Subjektes eingelassen ist«[2]. Für die Ebene der didaktischen Erörterung heißt das folgerichtig, dass die Hinwendung zum Subjekt des Lernprozesses und das Ernstnehmen seiner Lernbarrieren, nicht zuletzt eben seiner erkenntnishemmenden Vorurteile, nicht per se schon entpolitisierend sein kann.

Als Adorno in seinem schon erwähnten Rundfunkvortrag »Erziehung nach Auschwitz« von 1966 noch einmal die nötige »Wendung aufs Subjekt« erläuterte, stellte er neben die Forderung einer allgemeinen, d. h. auch politischen Aufklärung eine andere ins Zentrum seiner pädagogischen Erwägungen. »Erziehung«, hielt er fest, »wäre sinnvoll überhaupt nur als eine zu kritischer Selbstreflexion«, und fuhr dann fort: »Da aber die Charaktere insgesamt, auch die, welche im späteren Leben die Untaten verübten, nach den Kenntnissen der Tiefenpsychologie schon in der frühen Kindheit sich bilden, so hat Erziehung, welche die Wiederholung vermeiden will, auf die frühe Kindheit sich zu konzentrieren.«[3] Adorno ist hier noch ganz geprägt von seinen eigenen »Exil-

---

1 Alfred Lorenzer: Das Konzil der Buchhalter. Die Zerstörung der Sinnlichkeit. Eine Religionskritik, Frankfurt/M. 1981, S. 288.

2 Lilli Gast: Warum brauchen die Sozialwissenschaften die Psychoanalyse?, in: Markus Brunner u. a. (Hrsg.): Politische Psychologie heute?, Gießen 2012, S. 19-31, hier S. 21.

3 Theodor W. Adorno: Erziehung nach Auschwitz, in: Theodor W. Adorno: Erziehung zur Mündigkeit, Frankfurt/M. 1971, S. 88-104, hier S. 90.

Studien« zum »Autoritären Charakter«, die zuerst 1950 in den USA als dritter Band der fünfbändigen »Studies in Prejudice«[1] erschienen und ohne Zweifel zu den wichtigsten und für die empirische Sozialforschung Standards setzenden Arbeiten der Kritischen Theorie gehören.

Bereits im Jahr 1952 veröffentlichten Theodor W. Adorno und Max Horkheimer – Horkheimer hatte die Forschungsabteilung des American Jewish Committee organisiert und auch das Programm der Forschungen zum Vorurteil mit entworfen – einen kleinen Aufsatz in den »Frankfurter Heften«, der die Ergebnisse der »Studien über Vorurteil« einer etwas größeren Öffentlichkeit vorstellte, weil dieses Werk »das gegenwärtige Deutschland ernstlich« angehe[2]. Der »totalitäre Charaktertyp«, so fassen die beiden Autoren zusammen, erweise sich »insgesamt als relativ starre, unveränderliche, immer wieder auftretende und überall gleiche Struktur, auch wenn die politischen Ideologien noch so verschieden sind ... Die Gesamtstruktur des totalitären Charakters ... ist wesentlich gekennzeichnet durch *Autoritätsgebundenheit*«, und diese Autoritätsgebundenheit bedeute »in einer Zeit, in der die alten feudal-religiösen Autoritäten geschwächt sind, die bedingungslose Anerkennung dessen, was ist und Macht hat, und den irrationalen Nachdruck auf konventionelle Werte, wie äußerlich korrektes Benehmen, Erfolg, Fleiß, Tüchtigkeit, physische Sauberkeit, Gesundheit und entsprechend auf konventionelles, unkritisches Verhalten. Innerhalb dieses Konventionalismus wird hierarchisch gedacht und empfunden: man verhält sich unterwürfig

---

1 Theodor W. Adorno/Else Frenkel-Brunswik/Daniel J. Levinson/R. Nevitt Sanford: The Authoritarian Personality, New York 1950.

2 Max Horkheimer/Theodor W. Adorno: Vorurteil und Charakter, in: Frankfurter Hefte. Zeitschrift für Kultur und Politik, Heft 4/1952, S. 284-291, hier S. 284.

zu den idealisierten moralischen Autoritäten der Gruppe, zu der man sich selber rechnet, steht aber zugleich auf dem Sprung, den, der nicht zu dieser gehört oder den man glaubt für unter einem stehend ansehen zu dürfen, unter allerhand Vorwänden zu verdammen. Die populäre Wendung von der Radfahrernatur trifft den autoritätsgebundenen Charakter recht genau.«[1] Adorno und Horkheimer beenden ihre kurze Darstellung mit den programmatischen Sätzen: »Die Studien, von denen hier die Rede war, erwecken die Selbstbesinnung, während zugleich die Kenntnis der verwundbaren Zonen des totalitären Charakters es erlaubt, die wirksamsten gesellschaftlichen und psychologischen Gegenmittel systematisch zu erproben. Die Einsicht in die Tiefendimension des sozialen Vorurteils und des Gruppenhasses kann für weitausgreifende, schon in der frühen Kindheit ansetzende Erziehungspläne fruchtbar gemacht werden. Es ist unsere Absicht, uns in kommenden Arbeiten mit dieser Aufgabe zu befassen.«[2]

Natürlich haben sich, bei uns vor allem als Folge der sogenannten 1968er Bewegung, im privaten und öffentlichen Bereich die Erziehungsvorstellungen zum Teil dramatisch verändert. Ob die Erziehungsrealität dem wirklich entspricht, kann man mit Fug und Recht bezweifeln. Aber die zahlreichen, oft aperçuhaften und dem Zeitgeist huldigenden Abgesänge auf die Studien zum autoritären Charakter waren wohl verfrüht. Rose Ahlheim hat in einer Fallstudie über zwei rechtsextreme und gewaltbereite Jugendliche die »Brauchbarkeit des Autoritarismus-Konzepts«[3] erprobt, und

---

1 Ebd. S. 288.

2 Ebd. S. 291.

3 Rose Ahlheim: »So hat Erziehung auf die frühe Kindheit sich zu konzentrieren« – Autorität, Familie und die Rolle des Vaters, in: Klaus Ahlheim/ Matthias Heyl (Hrsg.): Adorno revisited. Erziehung nach Auschwitz und Erziehung zur Mündigkeit heute, Hannover 2010, S. 56-88, hier S. 60.

Gudrun Brockhaus hat gerade Ansatz, Kritik und Rezeptionsgeschichte der Studien ausführlich gewürdigt[1] und dabei auch mit Recht auf die als »Methodenkritik verbrämten politischen Einwände«[2] hingewiesen.

Wir selbst, Bardo Heger und ich, haben das Gegenkonzept zur Kälte der autoritären Erziehung, den »wärmenden« Erziehungsstil einer »Erziehung zur Mündigkeit«[3] zum Gegenstand einer kleinen empirischen Studie gemacht[4] und in vier Kategorien erfasst: *liebevolle* Zuneigung; *demokratische* Berücksichtigung der Ansicht aller Familienmitglieder, einschließlich der Kinder; Orientierungssicherheit durch *zuverlässiges* Verhalten; und schließlich *Gewaltfreiheit*. Das empirische Ergebnis war ebenso eindeutig wie eindrucksvoll (vgl. Abbildung 6).

– Während von den Jugendlichen, die liebevoll erzogen wurden, 10 Prozent fremdenfeindlich eingestellt sind, zeigen von den nicht liebevoll erzogenen Jugendlichen 18 Prozent eine fremdenfeindliche Einstellung.

– Jugendliche, deren Erziehung gewaltfrei verlief, neigen seltener zu fremdenfeindlichen Orientierungen (11 Prozent) als Jugendliche, die von ihren Eltern geschlagen wurden (15 Prozent).

1 Gudrun Brockhaus: Ein unterschätzter Klassiker: *The Authoritarian Personality*, in: Markus Brunner u. a. (Hrsg.): Politische Psychologie heute?, Gießen 2012, S. 53-77.

2 Ebd. S. 57 f.

3 Vgl. Theodor W. Adorno: Erziehung nach Auschwitz, S. 102.

4 Es handelt sich um eine Reanalyse einer Befragung von etwa 900 west- und ostdeutschen Schülerinnen und Schülern im Alter von 14 bis 19 Jahren, die Gerda Lederer in den Jahren 1990 und 1991 durchgeführt hat (vgl. Gerda Lederer/Peter Schmidt (Hrsg.): Autoritarismus und Gesellschaft, Opladen 1995); zur Operationalisierung der Erziehungsmerkmale und der fremdenfeindlichen Einstellungen vgl. Klaus Ahlheim/Bardo Heger: Fremdenfeindlichkeit in Deutschland – empirische Befunde, 2. Aufl. Schwalbach/Ts. 2000, S. 82 ff.

Abbildung 6

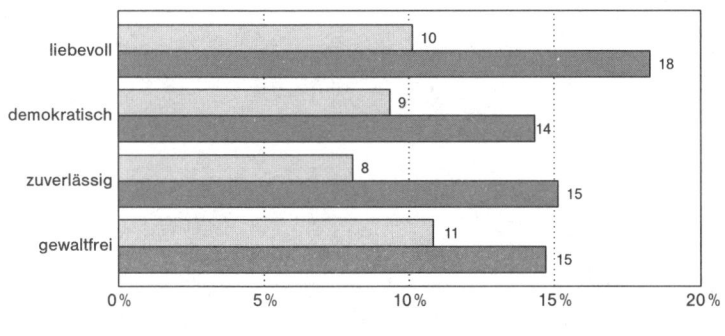

Erziehungsmerkmale und Fremdenfeindlichkeit
Verbreitung fremdenfeindlicher Einstellungen in den verschiedenen Gruppen

Jugendliche, für deren Erziehung das jeweilige Erziehungsmerkmal

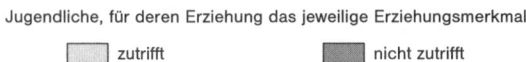

zutrifft · nicht zutrifft

Datenbasis: Schülerbefragung 1990/91

– Jugendliche, die das Familienklima als demokratisch beschreiben, stimmen fremdenfeindlichen Aussagen seltener zu (9 Prozent) als jene, deren Meinung zu Hause nicht gefragt war (14 Prozent).

– Einen besonders deutlichen Einfluss zeigt die Zuverlässigkeit des elterlichen Erziehungsverhaltens: Der Anteil fremdenfeindlich eingestellter Jugendlicher ist unter jenen, die das Erziehungsverhalten ihrer Eltern als zuverlässig beschreiben, nur etwa halb so groß (8 Prozent) wie unter Jugendlichen, die ihre Eltern als unberechenbar erlebten (15 Prozent).

Bündelt man die Erziehungsmerkmale zu einem Erziehungsstil, den wir »akzeptierend-zuverlässig« genannt haben, wird das Ergebnis noch eindeutiger (vgl. Abbildung 7): Von den Jugendlichen, die liebevoll *und* demokratisch *und* zuverlässig *und* gewalt-

81

Abbildung 7

Erziehungsstil und Fremdenfeindlichkeit

Verbreitung fremdenfeindlicher Einstellungen in den verschiedenen Gruppen

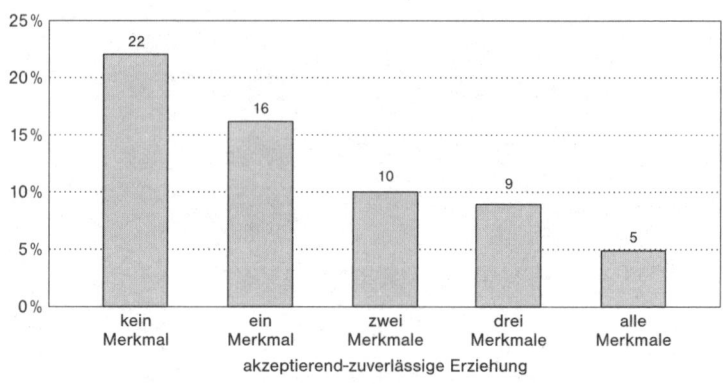

Datenbasis: Schülerberfagung 1990/91

frei erzogen wurden, zeigen nur 5 Prozent eine fremdenfeindliche Einstellung, während von den Jugendlichen, auf deren Erziehung keines der vier Merkmale zutrifft, 22 Prozent fremdenfeindlich eingestellt sind. Eine akzeptierend-zuverlässige Erziehung kann der Neigung zu fremdenfeindlichen Orientierungsmustern also offenbar durchaus entgegenwirken.

Das sind natürlich auch didaktisch wichtige Erkenntnisse zur Selbstaufklärung. Aber sie zeigen, richtig interpretiert, auch die Erschwernisse politischer Bildung, solange die alten autoritären, halbautoritären oder – eher modern und aktuell – unzuverlässigen[1] und durchaus verbreiteten Erziehungsstile noch fortdauern. Lebensgeschichtlich tief verankerte Vorurteile erweisen sich im-

---

1 Dazu Rose Ahlheim: Angst vor Autorität – über die Weigerung von Müttern und Vätern, Eltern zu sein, in: Klaus Ahlheim/Bardo Heger/Thomas Kuchinke: Argumente gegen den Haß, Bd. 2, Bonn 1993, S. 57-62.

82

mer wieder als »Lernbarrieren« und setzen dem politischen Lernen (zunächst) auch Grenzen, aber diese Grenzen sind nicht unüberwindlich. Im Wissen der frühen Prägung durch Erziehung steckt eben kein fataler Determinismus, wie man immer wieder lesen muss. Jeder Mensch, das gilt auch kontrafaktisch, ist, das haben die Ideologen des Lebenslangen Lernens mit ihrer lebenslänglichen Lernpflicht leider gerade zu ihrem Credo gemacht, lernfähig.

Einen gewissen Grund zum pädagogischen Optimismus, und deshalb komme ich gern und immer wieder auf ihn zurück, gibt ein Befund, der sich in empirischen Studien zur Fremdenfeindlichkeit regelmäßig zeigt[1], auch auf europäischer Ebene. Er macht deutlich, dass Bildung sehr wohl einen Beitrag zur Abwehr und zum Abbau fremdenfeindlicher Vorurteile und Argumentationsmuster leisten kann: Mit höherer formaler Bildung, so der Befund, der sich auch mit den Daten des »International Social Survey Programme's« (ISSP) von 2003[2] replizieren lässt, sinkt die Neigung zu fremdenfeindlichen Orientierungen.

---

1 Vgl. z. B. Oliver Decker/Johannes Kiess/Elmar Brähler: Die Mitte im Umbruch. Rechtsextreme Einstellungen in Deutschland 2012, Bonn 2012, S. 40; Klaus Ahlheim/Bardo Heger: Nation und Exklusion. Der Stolz der Deutschen und seine Nebenwirkungen, 2. Aufl., Schwalbach/Ts. 2010, S. 74.

2 Das ISSP ist ein weltweiter Forschungsverbund, der regelmäßig zu wechselnden Themen sozialwissenschaftliche Umfragen durchführt. An der ISSP-Erhebung von 2003 (in den meisten Ländern fand die Umfrage auch im Jahr 2003 statt, in einigen Ländern wurden die Daten 2004 oder erst 2005 erhoben) beteiligten sich 21 europäische (darunter die meisten »alten« EU-Länder, außer Belgien, Griechenland, Italien und Luxemburg) und 13 außereuropäische Länder. Die Stichproben der einzelnen Länder umfassen jeweils mindestens 1000 Befragte. Die Daten sind beim Zentralarchiv für Empirische Sozialforschung in Köln erhältlich. Für das in Abbildung 8 dargestellte Ergebnis haben wir nur die Daten der europäischen Länder ausgewertet.

Abbildung 8

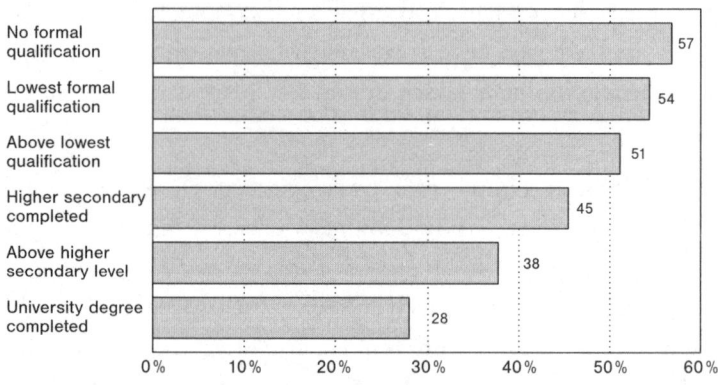

Bildungsgrad und Fremdenfeindlichkeit in Europa
Verbreitung fremdenfeindlicher Einstellungen
in den verschiedenen Bildungsgruppen[1]

Datenbasis: ISSP 2003

Für diese Korrelation bieten sich zwei Erklärungen an. Zum einen hängt die formale Bildung mit einer Reihe weiterer Faktoren zusammen, die ihrerseits die Entwicklung und Verbreitung fremdenfeindlicher Denk- und Orientierungsmuster beeinflussen. So hängt die eingeschlagene Schullaufbahn nach wie vor auch von der Schulbildung der Eltern ab und ist damit zugleich bis zu einem gewissen Grad ein Indikator für den Interaktions- und Erziehungsstil wie für die ökonomische Situation in der Herkunftsfamilie. Und natürlich hat auch die soziale und ökonomi-

---

1 Die deutschen Abschlüsse wurden den internationalen Kategorien folgendermaßen zugeordnet: ohne Abschluss: no formal qualification; Volks- bzw. Hauptschule: Lowest formal qualification; Mittlere Reife und Fachhochschulreife: above lowest qualification; Hochschulreife: higher secondary completed; Fachhochschulabschluss: above higher secondary level; Hochschulabschluss: university degree completed.

sche Lage der Befragten selbst viel mit dem erreichten Bildungsabschluss und den damit eröffneten oder versperrten Berufs- und Lebenschancen zu tun. Das Bildungssystem produziert eben notwendig auch Verlierer, und diese Verlierer sind anfälliger für Fremdenfeindlichkeit, weil sie der Sündenbockpraktiken auch eher bedürfen. Zum anderen aber – und diese zweite Erklärung ist mir pädagogisch viel sympathischer – sollte man doch auch annehmen, dass eine längere und »anspruchsvollere« Bildung dazu beiträgt, mit Problemen diskursiv umzugehen, und dass sie nicht zuletzt auch umfangreicheres Wissen vermittelt, Wissen unter anderem über politische und gesellschaftliche Zusammenhänge, das den allzu einfachen, vorurteilsvollen »Erklärungen« und dem bequemen »Schwarz-Weiß-Denken« ein wenig entgegenwirkt. Zu dieser Erklärung passt im Übrigen ein weiterer Befund unserer früheren Studie zur Fremdenfeindlichkeit in Deutschland: Personen, die sich politisch gut informiert fühlten, neigten weit seltener (21 Prozent) zu fremdenfeindlichen Einstellungen als jene, die annahmen, »die meisten Leute« seien besser über Politik informiert als sie selbst (46 Prozent). Politische Informiertheit kann also helfen, fremdenfeindlichen Vorurteilen nicht allzu schnell auf den Leim zu gehen.

Es klingt nur scheinbar paradox: Gegen die Verweigerung von Aufklärung, gegen den fehlenden Mut, sich – wie Immanuel Kant es forderte – seines eigenen Verstandes zu bedienen[1] helfen nur

---

1 »Sapere aude! Habe Mut, dich deines *eigenen* Verstandes zu bedienen!« Denn, so Kant: »Faulheit und Feigheit sind die Ursachen, warum ein so großer Teil der Menschen, nachdem sie die Natur längst von fremder Leitung freigesprochen ..., dennoch gerne zeitlebens unmündig bleiben; und warum es den anderen so leicht wird, sich zu deren Vormündern aufzuwerfen. Es ist so bequem, unmündig zu sein.« (Immanuel Kant: Schriften zur Anthropologie, Geschichtsphilosophie, Politik und Pädagogik 1, 2. Aufl., Frankfurt/M. 1978, S. 53).

Aufklärung und Selbstaufklärung. Für die politische Bildung heißt das: Sie setzt Fakten gegen Vorurteile und liefert Argumente gegen den Hass, denn erst eine politische Bildung, die durch die Vermittlung politischen (Zusammenhang-)Wissens eine als bedrohlich und unüberschaubar erlebte Wirklichkeit analysiert und strukturiert und – in der Vielfalt und Fülle der Informationen – Zusammenhang herstellt, und die nicht zuletzt ideologiekritisch Wirklichkeitsverklärungen und -verfälschungen entgegenarbeitet, macht tendenziell den Rückgriff auf Vorurteile überflüssig, wehrt schließlich dem bequemen (Nicht-)Denken, das ohne Stereotype und Schwarz-Weiß-Malerei nicht auskommt, und macht gerade so politische Lernprozesse erst möglich. Politische Bildung stärkt die Menschen, *indem* sie, so kann man Hartmut von Hentigs berühmten Buchtitel[1] abwandeln, die Sachen, d. h. die Dinge und ihren Zusammenhang, klärt.

Dem »psychischen Vorteil« des Vorurteils, dem bequemen Nichtdenken-Müssen in unbequemer Lage und Zeit, dem Abwälzen der eigenen Schwächen und Schwierigkeiten auf den Anderen und Fremden, kann aufklärende politische Bildung (das wird in der Diskussion um neue, erlebnis- und handlungsorientierte Formen der politischen Bildung zu schnell vergessen) eine ganz andere Erfahrung entgegensetzen: Auch Denkperspektiven, selbst wenn sie sich nur allmählich auftun, wirken befreiend. Wissen und Erkenntnis, die – wenngleich nur partiell – helfen, den Alltag, Vergangenheit und absehbare Zukunft mitsamt den Bedrohungen und den Ursachen der Bedrohungen zu durchschauen und zu begreifen und so überhaupt erst gestaltbar zu machen, sind immer auch psychische Gratifikationen; denn Wissen und Erkenntnis rühren an jenen utopischen »Kern« in der aufklärungsresisten-

---

1 Hartmut von Hentig: Die Menschen stärken, die Sachen klären. Ein Plädoyer für die Wiederherstellung der Aufklärung, Stuttgart 1985.

ten psychischen Struktur, der trotz aller Deformation zumindest ahnt, dass die Welt zu erkennen und zu gestalten allemal besser ist als bloßes Erleiden. Und dieses Begreifen der Dinge und der Zusammenhänge kann – der alltägliche Schulfrust vor allem lässt das Lehrende wie Lernende allzu leicht vergessen – durchaus lustvoll, ja erregend sein.

Solche politische Bildung gegen Rechtsextremismus arbeitet vor allem themen- und sachorientiert, stellt in ihr Zentrum Wissensvermittlung und Information, vermeidet aber die falsche Alternative von »Kopf und Bauch«[1]. Sie verbindet vielmehr Subjektorientierung, Selbstreflexion und Selbstaufklärung mit solider Wissensvermittlung, gibt und lässt – gewissermaßen informationsgestützt – den Lernenden die Chance, jene in einem langen Sozialisations- und Individuationsprozess erworbenen Einstellungen und Denkmuster zu hinterfragen, die vorurteilsfreies Handeln erschweren und die in gesellschaftlich zugespitzten, krisenhaften Situationen in Fremdenhass und Gewalt umschlagen können.

Vor allem, weil es *auch* ethnisch maskierte soziale Konflikte sind, mit denen es die politische Bildung »gegen rechts« zu tun hat, muss sie auch die ökonomische Realität in »Zeiten des Marktradikalismus«[2] thematisieren und soziale Ungleichheit problematisieren, eine Thematik, die der Zunft der universitären Politikdidaktik mit dem Beutelsbacher Konsens und seiner Wirkungsgeschichte[3] weithin aus dem Blick geraten ist.

---

1 Dazu: Klaus Ahlheim: Kopf und Bauch. Argumente für Wissensvermittlung und Erkenntnis in der politischen Bildung, Wiesbaden 1993.

2 Klaus Ahlheim: Politische Erwachsenenbildung in Zeiten des Marktradikalismus, in: Klaus Ahlheim, Horst Mathes (Hrsg.): Utopie denken – Realität verändern. Bildungsarbeit in den Gewerkschaften, Hannover 2011, S. 10-40.

3 Vgl. Klaus Ahlheim: Die »weiße Flagge gehißt«. Wirkung und Grenzen des Beutelsbacher Konsenses, in: Klaus Ahlheim, Johannes Schillo (Hrsg.): Politische Bildung zwischen Formierung und Aufklärung, Hannover 2012, S. 74-92.

Das von mir favorisierte didaktische »Wissenskonzept« ist im Übrigen gerade nicht, wie viele unterstellen, autoritär, sondern zurückhaltend, die Entscheidungen und Lebenszusammenhänge der Lernenden akzeptierend. Es hat mit autoritativer »Wissensausgießung«, wie sie Norbert Reichling einmal auszumachen meinte[1], nichts zu tun und es muss schon gar nichts haben von jenem immer wieder unterstellten Missionars- und Weltverbesserungshabitus der Lehrenden, die angeblich immer schon wissen, wie und wo es »langgeht«. Die Teilnehmerinnen und Teilnehmer politischer Bildungsveranstaltungen haben ein Recht darauf, dass ihnen ein den Alltag und die Welt strukturierendes Wissen nicht von jenen Pädagoginnen und Pädagogen vorenthalten wird, die ihren professionellen und sozialen Status ganz wesentlich einem Privileg verdanken: dass sie sich nämlich fast zwei Jahrzehnte lang in Schule und Studium dem intensiven Wissenserwerb widmen konnten. Was die Lernenden, die Subjekte des Lernprozesses mit diesem Wissen machen bzw. nicht machen, das ist – zum Glück – dem Einfluss der professionellen Pädagogen weitgehend entzogen.

Rechtsextremismus und Gewalt, Vorurteile und Fremdenfeindlichkeit müssen über die aktuellen Anlässe hinaus zentrale Themen der politischen Bildung sein, nicht nur in »Konjunkturen«, wenn einmal die öffentlich-politische Empörung hochkocht. Dabei geht es stets um mehrere Dimensionen, um die Herausarbeitung etwa der politischen Strukturen und Strategien des organisierten Rechtsextremismus – auch in historischer Perspektive[2] –

---

1 Vgl. Norbert Reichling: Ziele und Erwartungshorizonte politischer Erwachsenenbildung, in: Wolfgang Beer/Will Cremer/Peter Massing (Hrsg.): Handbuch politische Erwachsenenbildung, Schwalbach/Ts. 1999, S. 145-165, hier S. 161.

2 Dazu: Gideon Botsch: Die extreme Rechte in der Bundesrepublik Deutschland 1949 bis heute, Darmstadt 2012.

und um die Analyse der Entstehung fremdenfeindlicher, autoritärer Handlungs- und Orientierungsmuster in der Mitte der Gesellschaft, um die Wirkung und Funktion von Vorurteilen, um Sündenbockpraktiken und öffentlich-politische Diskurse der Ausgrenzung, um Migrationspolitik (»Festung Europa«) mit all ihren Konsequenzen[1] und Multikulturalität, auch um das folgenreiche Zusammenspiel von religiösem Fundamentalismus und Politik[2].

Eine ganz zentrale Funktion hat im Kontext einer politischen Bildung »gegen rechts« das Erinnern an die nationalsozialistische Barbarei, die Widerlegung des rechtsextremen Geschichtsrevisionismus, der mit dem Leugnen der Gräuel von Auschwitz neuer Barbarei den Boden bereiten könnte. Erinnerungsarbeit in Verbindung mit lokalen Kultur- und Geschichtsinitiativen etwa, Gedenkstättenarbeit gehören zum Kern jeder politischen Bildung.[3]

Bei all dem brauchen politische Bildner einen langen Atem. Aber: Selbst wenn die Wirkung politischer Bildung begrenzt wird und begrenzt ist, das Angebot politischer Bildung hat immer eine öffentliche Dimension und damit politische Wirkung und ist

---

1 »Der Staat«, hat Frank Patalong jüngst im »Spiegel Online« festgestellt, »leistet seinen eigenen Beitrag zur Bildung von Vorurteilen. Er ghettoisiert die Asylbewerber in Lagern, verbietet ihnen Arbeit und Qualifizierungsmaßnahmen bis zur Anerkennung. Versucht man wie derzeit in Leipzig, andere Wege zu gehen, trifft das auf erbitterten Widerstand von Bürgern. Dort sollen Asylbewerber in leerstehenden Wohnungen in Mehrfamilienhäusern untergebracht werden.« (Frank Patalong: Fakten gegen Stimmungsmache, Spiegel Online, 02.08.2012).

2 Dazu einige lesenswerte Beiträge in: Siegried Frech/Ingo Juchler: Dialoge wagen. Zum Verhältnis von politischer Bildung und Religion, Schwalbach/Ts. 2009 und das von mir und Bardo Heger bearbeitete Wochenschau-Themenheft »Fundamentalismus«, Schwalbach/Ts. 2000.

3 Dazu ausführlich: Klaus Ahlheim: Erinnern und Aufklären. Interventionen zur historisch-politischen Bildung, Hannover 2009.

schon deshalb unverzichtbar, unabhängig vom »Erfolg« der Lernenden. Was die politische Bildung nämlich im Gespräch hält, der politischen Tabuisierung absichtsvoll entreißt, ist von großer Bedeutung für das gesellschaftlich-kulturelle Klima hierzulande. Und dieses gesellschaftliche Klima kann, ebenso übrigens wie das »Binnenklima« in Institutionen (z. B. in der Schule), mitentscheiden, ob rechtsextreme Welt- und Feindbilder latent bleiben oder sich in aggressivem Hass gegen alles Andere und Fremde entladen.

Literatur

Adorno, Theodor W.: Was bedeutet: Aufarbeitung der Vergangenheit, in: Theodor W. Adorno: Erziehung zur Mündigkeit. Vorträge und Gespräche mit Hellmut Becker 1959-1969, Frankfurt/M. 1971, S. 10-28

Adorno, Theodor W.: Erziehung nach Auschwitz, in: Theodor W. Adorno: Erziehung zur Mündigkeit. Vorträge und Gespräche mit Hellmut Becker 1959-1969, Frankfurt/M. 1971, S. 88-104

Adorno, Theodor W.: Negative Dialektik, in: Gesammelte Schriften, Bd. 6, Frankfurt/M. 1973, S. 7-412

Adorno, Theodor W.: Metaphysik. Begriff und Probleme, Nachgelassene Schriften, Abt. IV: Vorlesungen, Bd. 14, Frankfurt/M. 1998

Adorno, Theodor W./Frenkel-Brunswik, Else/Levinson, Daniel J./Sanford, R. Nevitt: The Authoritarian Personality, New York 1950; deutsch (ausgewählte Kapitel): Adorno, Theodor W.: Studien zum autoritären Charakter, Frankfurt/M. 1973

Adorno, Theodor W. u. a.: Der Autoritäre Charakter. Studien über Autorität und Vorurteil, 2 Bde., Amsterdam 1968 und 1969 (Raubdruck)

Ahlheim, Klaus: Mut zur Erkenntnis. Über das Subjekt politischer Erwachsenenbildung, Bad Heilbrunn/Obb. 1990; erweiterte Neuausgabe, Schwalbach/Ts. 2008

Ahlheim, Klaus: Kopf und Bauch. Argumente für Wissensvermittlung und Erkenntnis in der politischen Bildung (Polis 5, hrsg. von der Hessischen Landeszentrale für politische Bildung), Wiesbaden 1993

Ahlheim, Klaus: Geschöntes Leben. Eine deutsche Wissenschaftskarriere, Hannover 2000

Ahlheim, Klaus (Hrsg.): Intervenieren, nicht resignieren. Rechtsextremismus als Herausforderung für Bildung und Erziehung, Schwalbach/Ts. 2003

Ahlheim Klaus (Hrsg.): Die Gewalt des Vorurteils. Eine Textsammlung, Schwalbach/Ts. 2007

Ahlheim, Klaus: Erinnern und Aufklären. Interventionen zur historisch-politischen Bildung, Hannover 2009

Ahlheim, Klaus: Politische Erwachsenenbildung in Zeiten des Marktradikalismus, in: Klaus Ahlheim/Horst Mathes (Hrsg.): Utopie denken – Realität verändern. Bildungsarbeit in den Gewerkschaften, Hannover 2011, S. 10-40

Ahlheim, Klaus: Sarrazin und der Extremismus der Mitte. Empirische Analysen und pädagogische Reflexionen, Hannover 2011

Ahlheim, Klaus: Aktualität eines Klassikers. Adornos »Erziehung nach Auschwitz« und das Nachleben des Nationalsozialismus, in: Tribüne. Zeitschrift zum Verständnis des Judentums, Nr. 197, Heft 1/2011, S. 162-167

Ahlheim, Klaus: Die »weiße Flagge gehißt«. Wirkung und Grenzen des Beutelsbacher Konsenses, in: Klaus Ahlheim, Johannes Schillo (Hrsg.): Politische Bildung zwischen Formierung und Aufklärung, Hannover 2012, S. 74-92

Ahlheim, Klaus/Heger, Bardo: Vorurteile und Fremdenfeindlichkeit. Handreichungen für die politische Bildung, Schwalbach/Ts. 1999

Ahlheim, Klaus/Heger, Bardo: Der unbequeme Fremde. Fremdenfeindlichkeit in Deutschland – empirische Befunde, 2. Aufl. Schwalbach/Ts. 2000

Ahlheim, Klaus/Heger, Bardo: Wirklichkeit und Wirkung politischer Erwachsenenbildung. Eine empirische Untersuchung in Nordrhein-Westfalen, Schwalbach/Ts. 2006

Ahlheim, Klaus/Heger, Bardo: Nation und Exklusion. Der Stolz der Deutschen und seine Nebenwirkungen, 2. Aufl., Schwalbach/Ts. 2010

Ahlheim, Klaus/Heger, Bardo/Kuchinke, Thomas: Argumente gegen den Haß. Über Vorurteile, Fremdenfeindlichkeit und Rechtsextremismus, Bd. I: Bausteine für Lehrende in der politischen Bildung, Bd. II: Textsammlung (Arbeitshilfen für die politische Bildung, hrsg. von der Bundeszentrale für politische Bildung), Bonn 1993

Ahlheim, Rose: Angst vor Autorität – über die Weigerung von Müttern und Vätern, Eltern zu sein, in: Klaus Ahlheim/Bardo Heger/Thomas Kuchinke: Argumente gegen den Haß. Über Vorurteile, Fremdenfeindlichkeit und Rechtsextremismus, Bd. 2, Bonn 1993, S. 57-62

Ahlheim, Rose: »So hat Erziehung auf die frühe Kindheit sich zu konzentrieren« – Autorität, Familie und die Rolle des Vaters, in: Klaus Ahlheim/Matthias Heyl (Hrsg.): Adorno revisited. Erziehung nach Auschwitz und Erziehung zur Mündigkeit heute, Hannover 2010, S. 56-88

Allport, Gordon W.: Treibjagd auf Sündenböcke, Berlin/Bad Nauheim 1951

Allport, Gordon W.: The Nature of Prejudice, Reading/Mass. 1954; deutsch: Die Natur des Vorurteils, Köln 1971

Angele, Michael: Die Frankfurter Schule on Air, Interview mit Michael Schwarz, »der Freitag«, Online-Ausgabe, 06.08.2009

Auschwitz-Prozeß 4 Ks 2/63 Frankfurt am Main, hrsg. von Irmtrud Wojak im Auftrag des Fritz Bauer Instituts, Köln 2004

Bergmann, Werner/Erb, Rainer: Antisemitismus in Deutschland 1945-1996, in: Wolfgang Benz/Werner Bergmann (Hrsg.): Vorurteil und Völkermord. Entwicklungslinien des Antisemitismus (Lizenzausgabe für die Bundeszentrale für politische Bildung), Bonn 1997, S. 397-434

Blank, Thomas/Schwarzer, Stefan: Ist die Gastarbeiterskala noch zeitgemäß? Die Reformulierung einer ALLBUS-Skala, in: ZUMA-Nachrichten 34, Mai 1994, S. 97-115

Botsch, Gideon: Die extreme Rechte in der Bundesrepublik Deutschland 1949 bis heute, Darmstadt 2012

Botsch, Gideon/Kopke, Christoph: Das »Brandenburger Modell« der Abwehr des Rechtsextremismus, in: Christoph Kopke (Hrsg.): Die Grenzen der Toleranz. Rechtsextremes Milieu und demokratische Gesellschaft in Brandenburg. Bilanz und Perspektiven, Potsdam 2011, S. 183-206

Gudrun Brockhaus: Ein unterschätzter Klassiker: The Authoritarian Personality, in: Markus Brunner/Jan Lohl/Rolf Pohl/Marc Schwietring/Sebastian Winter (Hrsg.): Politische Psychologie heute? Themen, Theorien und Perspektiven der psychoanalytischen Sozialforschung, Gießen 2012, S. 53-77

Bundesministerium des Innern: Verfassungsschutzbericht 2011, Berlin 2012

Bundschuh, Stephan/Drücker, Ansgar/Scholle, Thilo (Hrsg.): Wegweiser Jugendarbeit gegen Rechtsextremismus. Motive, Praxisbeispiele und Handlungsperspektiven, Schwalbach/Ts. 2012

Ciupke, Paul: Außerschulische politische Bildung vor dem Systemwechsel?, in: Klaus Ahlheim/Johannes Schillo (Hrsg.): Politische Bildung zwischen Formierung und Aufklärung, Hannover 2012, S. 156-172

Claussen, Detlev: Was heißt Rassismus?, Darmstadt 1994

Decker, Markus: Die Wut der Migranten, mz-web.de (»Mitteldeutsche Zeitung«), 10.07.2012

Decker, Oliver/Kiess, Johannes/Brähler, Elmar: Die Mitte im Umbruch. Rechtsextreme Einstellungen in Deutschland 2012, hrsg. von der Friedrich-Ebert-Stiftung, Bonn 2012

Deutscher Bildungsrat: Empfehlungen der Bildungskommission. Strukturplan für das Bildungswesen, Stuttgart 1970

Dudek, Peter/Jaschke, Hans-Gerd: Jugend rechtsaußen. Analyse, Essays, Kritik, Bensheim 1982

Ehrenberg, Alain: Das erschöpfte Selbst. Depression und Gesellschaft in der Gegenwart, Frankfurt/M. 2004

Erdheim, Mario: Die gesellschaftliche Produktion von Unbewußtheit. Eine Einführung in den ethnopsychoanalytischen Prozeß, Frankfurt/M. 1982

Faulstich, Peter/Bayer, Mechthild (Hrsg.): LernLust. Hunger nach Wissen, lustvolle Weiterbildung, Hamburg 2012

Findeisen, Uwe F.: Von der Schwierigkeit, ausländerfeindliche Vorurteile aus der Welt zu schaffen, in: Praxis politische Bildung, Heft 4/2005, S. 266-274

Frech, Siegried/Juchler, Ingo: Dialoge wagen. Zum Verhältnis von politischer Bildung und Religion, Schwalbach/Ts. 2009

Fremdenfeindlichkeit in der Polizei? Ergebnisse einer wissenschaftlichen Studie (Schriftenreihe der Polizei-Führungsakademie, Heft 1-2/1996), Münster 1996

Freudenreich, Daniel/Korfmann, Matthias/Onkelbach, Christopher: Wie gefährlich ist Thilo Sarrazins Buch?, derWesten.de (»Westdeutsche Allgemeine Zeitung«), 28.07.2011

Fundamentalismus. Wochenschau für politische Erziehung, Sozial- und Gemeinschaftskunde, Sek. II, Nr. 6/2000, bearbeitet von Klaus Ahlheim und Bardo Heger, Schwalbach/Ts. 2000

Funke, Hajo: Zusammenhänge zwischen rechter Gewalt, Einstellungen in der Bevölkerung sowie der Verantwortung von Öffentlichkeit und Politik, in: Christoph Butterwegge/Georg Lohmann (Hrsg.): Jugend, Rechtsextremismus und Gewalt. Analysen und Argumente, Opladen 2000, S. 61-80

Gast, Lilli: Warum brauchen die Sozialwissenschaften die Psychoanalyse?, in: Markus Brunner/Jan Lohl/Rolf Pohl/Marc Schwietring/Sebastian Winter (Hrsg.): Politische Psychologie heute? Themen, Theorien und Perspektiven der psychoanalytischen Sozialforschung, Gießen 2012, S. 19-31

Geyer, Christian: So wird Deutschland dumm, in: »Frankfurter Allgemeine Zeitung« vom 26.08.2010, S. 27

Gloël, Rolf/Gützlaff, Kathrin: Gegen Rechts argumentieren lernen, 2. Aufl. Hamburg 2010

Haarer, Johanna: Die deutsche Mutter und ihr erstes Kind, 101.-110. Tausend, München/Berlin 1938

Haarer, Johanna/Haarer, Gertrud: Die deutsche Mutter und ihr letztes Kind. Die Autobiografien der erfolgreichsten NS-Erziehungsexpertin und ihrer jüngsten Tochter, herausgegeben und eingeleitet von Rose Ahlheim, Hannover 2012

Hafeneger, Benno: Neue förderungspolitische Direktiven: Extremismusklausel und Extremismusbekämpfungsprogramme, in: Klaus Ahlheim/Johannes Schillo (Hrsg.): Politische Bildung zwischen Formierung und Aufklärung, Hannover 2012, S. 144-155

Hafeneger, Benno/Paul, Gerhard/Schoßig, Bernhard (Hrsg.): Dem Faschismus das Wasser abgraben. Zur Auseinandersetzung mit dem Rechtsradikalismus, München 1981

Heitmeyer, Wilhelm: *Gruppenbezogene Menschenfeindlichkeit* (GMF) in einem entsicherten Jahrzehnt, in: Wilhelm Heitmeyer (Hrsg.): Deutsche Zustände. Folge 10, Berlin 2012, S. 15-41

Henle, Manfred: Aufklärung im Kampf gegen rechts, in: Journal für politische Bildung, Heft 2/2012, S. 56-66

Hentig, Hartmut von: Die Menschen stärken, die Sachen klären. Ein Plädoyer für die Wiederherstellung der Aufklärung, Stuttgart 1985

Horkheimer, Max: Über das Vorurteil, in:»Frankfurter Allgemeine Zeitung« vom 20.05.1961

Horkheimer, Max/Adorno, Theodor W.: Vorurteil und Charakter, in: Frankfurter Hefte. Zeitschrift für Kultur und Politik, hrsg. von Eugen Kogon und Walter Dirks, Heft 4/1952, S. 284-291

Hufer, Klaus-Peter: Argumentationstraining gegen Stammtischparolen. Materialien und Anleitungen für Bildungsarbeit und Selbstlernen, Schwalbach/Ts. 2000

Hufer, Klaus-Peter: Unter dem Druck des Marktes. Politische Erwachsenenbildung in der Zange, in: Erziehung und Wissenschaft, Heft 1/2002, S. 15 f.

Itzek, Joanna: Gegen den Schmerz. Jahrestag des Massakers von Utøya, taz.de, 22.7.2012

Kant, Immanuel: Schriften zur Anthropologie, Geschichtsphilosophie, Politik und Pädagogik 1 (Werkausgabe Bd. XI, hrsg. von W. Weischedel), 2. Aufl., Frankfurt/M. 1978

Knoben, Martina: Für immer im Flow.»Work Hard, Play Hard« im Kino, Süddeutsche.de, 13.04.2012

Kopke, Christoph (Hrsg.): Die Grenzen der Toleranz. Rechtsextremes Milieu und demokratische Gesellschaft in Brandenburg. Bilanz und Perspektiven, Potsdam 2011

Krafeld, Franz Josef: Zur Praxis der pädagogischen Arbeit mit rechtsorientierten Jugendlichen, in: Wilfried Schubarth/Richard Stöss (Hrsg.): Rechtsextremismus in der Bundesrepublik Deutschland. Eine Bilanz, Opladen 2001, S. 271-291

Kraushaar, Wolfgang: Die Protest-Chronik 1949-1959. Eine illustrierte Geschichte von Bewegung, Widerstand und Utopie, Bd. III: 1957-1959, Hamburg 1996

Kraushaar, Wolfgang: Adorno, die antisemitische Welle (1959/60) und ihre Folgen, in: Klaus Ahlheim/Matthias Heyl (Hrsg.): Adorno revisited. Erziehung nach Auschwitz und Erziehung zur Mündigkeit heute, Hannover 2010, S. 9-37

Lederer, Gerda/Schmidt, Peter (Hrsg.): Autoritarismus und Gesellschaft. Trendanalysen und vergleichende Jugenduntersuchungen von 1945-1993, Opladen 1995

Lorenzer, Alfred: Das Konzil der Buchhalter. Die Zerstörung der Sinnlichkeit. Eine Religionskritik, Frankfurt/M. 1981

Müller, Ingo: Der Frankfurter Auschwitz-Prozess, in: Auschwitz in der deutschen Geschichte, hrsg. von Joachim Perels, Hannover 2010, S. 168-176

Oskar Negt: Der politische Mensch. Demokratie als Lebensform, Göttingen 2010

Noelle, Elisabeth/Neumann, Erich Peter (Hrsg.): Jahrbuch der öffentlichen Meinung 1947-1955, 3., durchges. Aufl., Allensbach 1975

Patalong, Frank: Fakten gegen Stimmungsmache, Spiegel Online, 02.08.2012

Paul, Gerhard (Hrsg.): Hitlers Schatten verblaßt. Die Normalisierung des Rechtsextremismus, Bonn 1989

Paul, Gerhard/Schoßig, Bernhard (Hrsg.): Jugend und Neofaschismus. Provokation oder Identifikation?, Frankfurt/M. 1979

Pollock, Friedrich: Gruppenexperiment. Ein Studienbericht, Frankfurt/M. 1955

Rath, Christian: »Erhalt der deutschen Nation«, taz.de, 14.12.2011

»Rechtsextremismus schon bei der Jugend verhindern«, in: »Oberhessische Presse« vom 15.04.1983

Rechtsextremismus. War da was? Informationen zur extremen Rechten in NRW. Anregungen für die pädagogische Praxis (Materialien zum Rechtsextremismus Bd. 9), hrsg. vom Informations- und Dokumentationszentrum für Antirassismusarbeit in Nordrhein-Westfalen (IDA-NRW), Düsseldorf 2012

Reichling, Norbert: Ziele und Erwartungshorizonte politischer Erwachsenenbildung, in: Wolfgang Beer/Will Cremer/Peter Massing (Hrsg.): Handbuch politische Erwachsenenbildung, Schwalbach/Ts. 1999, S. 145-165

Ruf, Christoph: Wie groß Sarrazins Basis wirklich ist, Spiegel Online, 13.10.2010

Sandbrink, Doris: Rechtsextremismus als Herausforderung für die Evangelische Erwachsenenbildung, in: Klaus Ahlheim (Hrsg.): Intervenieren, nicht resignieren. Rechtsextremismus als Herausforderung für Bildung und Erziehung, Schwalbach/Ts. 2003, S. 230-240

Sarrazin, Thilo: Deutschland schafft sich ab. Wie wir unser Land aufs Spiel setzen, München 2010

Scherr, Albert: Ethnisierung als Ressource und Praxis, in: Prokla. Zeitschrift für kritische Sozialwissenschaft, Nr. 120, Heft 3/2000, S. 399-414

Schillo, Johannes: Zur staatlichen Formierung politischer Bildung. Verfassungsschutz und Extremismusforschung setzen die Eckdaten, in: Klaus Ahlheim/Johannes Schillo (Hrsg.): Politische Bildung zwischen Formierung und Aufklärung, Hannover 2012, S. 126-143

Schmidt, Wolf: »Mahner wurden nicht gehört«, Interview mit David Begrich, taz.de, 24.08.2012

Sennett, Richard: The Corrosion of Character. The Personal Consequences of Work in the New Capitalism, New York 1998; deutsch: Der flexible Mensch. Die Kultur des neuen Kapitalismus, 3. Aufl., Berlin 1998

Silbermann, Alphons: Sind wir Antisemiten? Ausmaß und Wirkung eines sozialen Vorurteils in der Bundesrepublik Deutschland, Köln 1982

Silbermann, Alphons/Hüsers, Francis: Der »normale« Haß auf die Fremden. Eine sozialwissenschaftliche Studie zu Ausmaß und Hintergründen von Fremdenfeindlichkeit in Deutschland, München 1995

Solms-Laubach, Franz: Droht Deutschland ein neuer linker Terror?, Bild.de, 20.07.2012

Strzelewicz, Willy (Hrsg.): Das Vorurteil als Bildungsbarriere, Göttingen 1965

Sumner, William Graham: Folkways. A Study of the Sociological Importance of Usages, Manners, Customs, Mores, and Morals, Boston/New York u. a. 1906, Nachdruck New York 2007

Thadden, Elisabeth von: Der Souverän dankt ab. Die Seele kann nicht mehr. Der Soziologe Alain Ehrenberg analysiert, wie im 20. Jahrhundert die Erschöpfung zur Massenerkrankung wurde, in: »Die Zeit«, Nr. 42 vom 07.10.2004, S. 75

Wojak, Irmtrud: Fritz Bauer, der Auschwitz-Prozeß und die deutsche Gesellschaft, in: Auschwitz in der deutschen Geschichte, hrsg. von Joachim Perels, Hannover 2010, S. 141-167

Zeuner, Bodo/Gester, Jochen/Fichter, Michael/Kreis, Joachim/Stöss, Richard: Gewerkschaften und Rechtsextremismus. Anregungen für die Bildungsarbeit und politische Selbstverständigung der deutschen Gewerkschaften, Münster 2007

Der Autor

Prof. Dr. *Klaus Ahlheim*, geb. 1942, lehrte bis 2007 politische Erwachsenenbildung an der Universität Duisburg-Essen, lebt jetzt in Berlin. Arbeitsschwerpunkte: Theorie und Wirkung politischer Erwachsenenbildung, Vorurteile, Fremdenfeindlichkeit und Rechtsextremismus, Gedenkstätten- und Erinnerungsarbeit.

Kritische Beiträge
zur Bildungswissenschaft
Herausgegeben von Klaus Ahlheim

Band 1

Klaus Ahlheim

Erinnern und Aufklären
Interventionen zur
historisch-politischen Bildung

ISBN: 978-3-930345-83-0
2009, 156 Seiten, Kt. 13,80 €

Der Band versammelt Beiträge, die das »Umfeld« historisch-politischer Bildung, ihre politischen, gesellschaftlichen und wissenschaftlichen Rahmenbedingungen kritisch beleuchten. Sie beschreiben zugleich didaktische Erkenntnisse und Erfahrungen, die vor allem aus der pädagogischen Arbeit in und mit Gedenkstätten gewonnen und festgehalten werden konnten. Klaus Ahlheim betont die Notwendigkeit des Erinnerns und Aufklärens am Beispiel der nationalsozialistischen Vergangenheit, in der Überzeugung, dass NS-Verbrechen und Holocaust noch immer das wichtigste Thema historisch-politischer Bildung sind.

Band 2

Armin Bernhard

Biopiraterie in der Bildung
Einsprüche gegen die
vorherrschende Bildungspolitik

ISBN: 978-3-930345-84-7
2010, 156 Seiten, Kt. 13,80 €

Armin Bernhard analysiert die gegenwärtigen Bildungsplanungen und ihre gesellschaftlichen Hintergründe. Jene als »Bildungsreform« verkauften Strategien entpuppen sich als eine Biopiraterie der besonderen Form: Der Raubzug des neoliberalen Kapitalismus im Bildungswesen richtet sich auf die »Ressource« Mensch selbst, die über entsprechend arrangierte Lern- und Qualifikationsprozesse für wirtschaftliche Verwertungs- und Beherrschungsinteressen aufbereitet werden soll. Der Autor bleibt jedoch nicht auf der Ebene der Analyse stehen, sondern entwickelt Konturen eines veränderten Bildungsverständnisses gegen die vorherrschende Sicht auf Bildung als einer herzustellenden Ware. Auf dieser Basis werden Grundsätze einer emanzipatorisch angelegten Bildungspolitik formuliert.

Offizin

Band 3

Klaus Ahlheim, Matthias Heyl (Hrsg.)

Adorno revisited
Erziehung nach Auschwitz und
Erziehung zur Mündigkeit heute

ISBN: 978-3-930345-89-2
2010, 157 Seiten, Kt. 13,80 €

Im Herbst 1959 hielt Theodor W. Adorno auf einer Erzieherkonferenz aus Anlass einer antisemitischen Welle einen Vortrag, in dem er seine Ansprüche an eine »Aufarbeitung der Vergangenheit« formulierte. Fünfzig Jahre später stand dieser Vortrag – zusammen mit dem Radiovortrag »Erziehung nach Auschwitz« von 1966 und dem 1969 gesendeten Gespräch über »Erziehung zur Mündigkeit« – im Mittelpunkt des Ravensbrücker Kolloquiums »Adorno revisited«.

Die in diesem Band versammelten Beiträge gehen auf Referate und Wortmeldungen bei diesem Kolloquium zurück. Insgesamt zeigen die Autorinnen und Autoren die Bedeutung des pädagogischen Adorno, den es in der Bildungswissenschaft wieder zu entdecken und zu aktualisieren gilt.

Band 4

Klaus Ahlheim, Horst Mathes (Hrsg.)

Utopie denken – Realität verändern
Bildungsarbeit in den Gewerkschaften

ISBN: 978-3-930345-91-5
2011, 155 Seiten, Kt. 13,80 €

In der bildungspolitischen Debatte um lebenslanges Lernen, Beschäftigungschancen und die Zukunft des Wirtschaftsstandortes Deutschland wird die politische Erwachsenenbildung kaum noch thematisiert, gewerkschaftliche Bildungsarbeit gar nicht mehr wahrgenommen.

Gerade gewerkschaftliche Bildungsarbeit dagegen ist in ihrer geschichtlichen Tradition und Intention der »natürliche« Ort einer politischen Erwachsenenbildung, die den Gedanken der Gesellschaftskritik, der Emanzipation und der sozialen Gerechtigkeit nicht aufgibt. Sie sieht in den gesellschaftlichen Verhältnissen, wie sie sind, nicht das gute Ende der Geschichte.

Band 5

Klaus Ahlheim

Sarrazin und der Extremismus der Mitte

Empirische Analysen und pädagogische Reflexionen

ISBN: 978-3-930345-93-9
2011, 155 Seiten, Kt. 13,80 €

Thilo Sarrazin hat fremdenfeindlichen Vorurteilen und tief sitzenden Ressentiments eine »seriöse« Stimme gegeben und das dumpfe Vorurteil für Monate zur politischen Nachricht gemacht. Sarrazin ist der neue Held einer verunsicherten Mitte. Doch der Nadelstreifen-Extremist Sarrazin ist nicht das eigentliche Problem. Das Problem ist ein weit verbreiteter Ethnozentrismus in der Mitte der Gesellschaft, eine neue Lust, auf Deutschland stolz zu sein, verbunden oft mit der Ablehnung des Fremden und Anderen. Von der Causa Sarrazin, von den empirischen Befunden zu neuem Nationalstolz, zu Fremdenfeindlichkeit und Antisemitismus in der Mitte der Gesellschaft und nicht zuletzt von den Chancen und Grenzen pädagogischer Interventionen handelt dieses Buch.

Band 6

Klaus Ahlheim, Johannes Schillo (Hrsg.)

Politische Bildung zwischen Formierung und Aufklärung

ISBN: 978-3-930345-96-0
2012, 187 Seiten, Kt. 13,80 €

Acht Fachleute aus Theorie, Praxis und Publizistik nehmen in diesem Buch zu aktuellen Vorgängen Stellung, an denen sich Kontroversen über die kritische oder affirmative Rolle politischer Bildung entzündet haben. Ihr gemeinsames Interesse ist es, gegen Formierungstendenzen der Bildungsarbeit, die auf Anpassung und Einordnung ins Gegebene setzen, Position zu beziehen. Dabei sind ihre Zugänge und Themen vielfältig, repräsentieren unterschiedliche kritische Stimmen des fachlichen Diskurses. Behandelt werden u. a. bildungspolitische Tendenzen (Deutscher Qualifikationsrahmen), politikdidaktische Standortbestimmungen (Beutelsbacher Konsens), förderungspolitische Eingriffe (Extremismusklausel) oder das Vordringen fragwürdiger Bildungsakteure (Bundeswehr, Verfassungsschutz).

Offizin-Verlag
Boedekerstr. 75, D-30161 Hannover
Tel. 0511 – 807 61 94, Fax: 0511 – 62 47 30
info@offizin-verlag.de, www.offizin-verlag.de